정선 눈앞에 보이는 듯한 풍경

정선 눈앞에 보이는 듯한 풍경

고연희 글 | 변정원 미술놀이

예술가들이 사는 마을 12

정선 눈앞에 보이는 듯한 풍경

초판 1쇄 발행 2017년 06월 07일
초판 3쇄 발행 2021년 04월 13일

글쓴이 고연희
미술놀이 변정원

편집장 천미진
편　집 임수현, 민가진, 이정미
디자인 한지혜, 강혜린
마케팅 한소정
경영지원 구혜지

펴낸이 한혁수
펴낸곳 도서출판 다림
등록 1997년 8월 1일(제1-2209호)
주소 07228 서울시 영등포구 영신로 220 KnK 디지털타워 1102호
전화 (02) 538-2913 | **팩스** (02) 563-7739
블로그 blog.naver.com/darimbooks
다림 카페 cafe.naver.com/darimbooks
전자 우편 darimbooks@hanmail.net

ISBN 978-89-6177-143-6　73600
ISBN 978-89-6177-030-9　(세트)

ⓒ 고연희, 2017

*이 책 내용의 일부 또는 전부를 사용하려면 반드시 저작권자와 도서출판 다림의 서면 동의를 받아야 합니다.
*책값은 뒤표지에 있습니다.
*미술놀이 작품을 만드는 데 도움을 주신 청원초등학교 어린이들에게 감사드립니다.
*출판 당시 저작권자 확인 불가로 부득이하게 허가를 받지 못하고 사용한 그림에 대해서는
　추후 저작권을 확인하는 대로 절차에 따라 적법한 저작권료를 지불하겠습니다.

	제품명: 정선-눈앞에 보이는 듯한 풍경 | **제조자명:** 도서출판 다림 | **제조국명:** 대한민국	⚠ **주　의**
	전화번호: 02-538-2913 | **주소:** 서울시 영등포구 영신로 220 KnK 디지털타워 1102호	
	제조년월: 2021년 04월 13일 | **사용연령:** 10세 이상	아이들이 모서리에 다치지
	※KC마크는 이 제품이 공통안전기준에 적합하였음을 의미합니다.	않게 주의하세요.

차례

검은 바위의 비밀　　　　　　　　　　　　7

금강산 그림으로 유명해진 청년　　　　　23

신나는 금강산 유람, 붓질도 흥겹다　　　47

진경산수화의 대가　　　　　　　　　　75

인격을 그리다　　　　　　　　　　　　105

다재다능한 화가 정선　　　　　　　　　123

부록　　　　　　　　　　　　　　　　149

1. 정선의 발자취
2. 미술관에 놀러 가요

| 일러두기 |
- 인명과 지명은 국립국어원의 표기법을 따르되 이미 굳어진 인명의 경우 관례에 따라 표기했습니다.
- 이 책에서는 그림의 진위가 완벽하게 고증되지 않은 작품을 구분하고 있습니다. 해당 화가가 그렸다고 '전해지는' 작품, 즉 '전칭작'은 수록 작품을 표기할 때 화가 이름 앞에 '전'이라는 글자를 덧붙여 두었습니다.

1장

검은 바위의 비밀

■ 수록 작품
정선 〈인왕제색〉 1751년, 종이에 수묵담채, 138.2×79.2cm, 리움미술관 (10쪽)
모네 〈해돋이〉 1827년, 캔버스에 유채, 48×63cm, 파리 마리모탕 미술관 (11쪽)
고흐 〈빈센트의 의자〉 1888년, 캔버스에 유채, 93×73.5cm, 런던 내셔널 갤러리 (12쪽)
정선 〈청풍계〉 1730년, 종이에 채색, 36×96cm, 고려대학교 박물관 (17쪽, 왼쪽)
정선 〈청풍계〉 1739년, 비단에 담채, 58.8×133cm, 간송미술관 (17쪽, 오른쪽)

온통 새까만 이것은 무엇일까? 이것이 유명한 그림의 일부라고 하면, 믿을 수 있겠니? 이렇게 까만 이유는 먹으로만 거듭 선을 그었기 때문이지. 먹으로 그리는 그림을 일러, '수묵화*'라 한단다. 수묵화를 그리는 화가는 대개 먹으로 그은 선이 짙은지 옅은지 혹은 굵은지 가는지를 보여 주면서 먹선의 멋을 표현하려고 한단다. 그런데 이 화면은 너무 까맣지? 화가는 빈틈을 남기기 않으려고 마음을 먹은 듯 먹선을 촘촘하게 잇대서 그어 놓았으니 선은 잘 보이지도 않아. 화가는 검은색 먹물을 붓에 찍어 선을 긋고 또 긋기를 몇 번이나 했을까? 이렇게 검은 면이 만들어질 때까지 하려면, 먹선을 수십 번, 아니 백 번도 더 그어야만

* **수묵화**(水墨畵)
물 수水, 먹 묵墨, 그림 화畵. 먹과 물을 이용하는 그림이라는 뜻이다.

했을 거야. 결국 그림의 한 면을 시커멓게 만들어 버렸어.

　이 화가는 무엇을 그리고 싶어서 먹선을 자꾸자꾸 그어 검은 면을 만든 걸까? 이렇게 새까만 면이 인왕산 꼭대기의 하얀 바위를 그린 것이라고 한다면, 믿을 수 있겠니?

검게 칠한, 하얀 바위　앞에서 본 검은 붓질은 그림의 어느 부분일까? 그림 윗부분 중간에 우뚝 선 커다란 바위의 왼쪽 부분이야. 이 그림의 제목은 〈인왕제색〉이란다. 그리고 오른쪽 사진 속에 있는 산은 실제의 인왕산이야. 그러니까 〈인왕제색〉은 옆쪽 위에 있는 산을 그린 거란다. 그림 속 산과 사진 속 인왕산을 번갈아 보면서 누군가는 질문할 거야.

　"이 그림 속 검은 바위가 저 사진 속 하얀 바위라니요? 이 그림이 인왕산을 그렸다는 증거라도 있나요?"

앞의 그림이 이 산을 그린 것이라면, 믿을 수 있겠니?

아무렴. 명백한 증거가 그림 위에 적혀 있지. 그림 위 오른편 여백에 화가 정선이 쓴 관지가 그것이지. 관지가 뭐냐고? '관지(款識)'의 뜻은 원래 글자나 그림을 음각이나 양각으로 새긴 것을 말하는데, 그림에서는 화가가 자신의 이름을 적거나 자신의 도장을 찍는 것을 뜻한단다.

서양화에서 그림 아래 화가의 이름이 적혀 있는 것이 비슷하지. 모네나 고흐의 그림의 구석에 특유한 글씨체로 적은 'Claude Monet',

모네의 서명

고흐의 서명

〈인왕제색〉의 관지

'Vincent Gogh' 등을 본 적이 있을 거야.

지금 이 그림에는 화가의 이름 곁에 그림의 제목도 나란히 적혀 있단다. 그럼, 이 그림의 관지를 읽어 볼까? "仁王霽色 謙齋." 그런데 글자가 모두 한자로 적혀 있으니 몹시 어렵고 낯설겠구나. 그래도 한번 읽어 보자. "인왕제색 겸재." 여기서의 '인왕제색'이란 '인왕산이 맑게 개인 모습'이란 뜻이고, '겸재'란 정선의 호(號)란다. 옛 사람들은 어른이 되면 호를 사용했기에 호는 이름보다 많이 사용되던 명칭이었지. 말하자면 이 관지 덕분에 우리는 이 그림이 '겸재 정선'의 작품이란 것을 분명히 알 수 있고, 이 그림의 제목을 거침없이 '인왕제색'이라 부르게 된 거지. 그러니까 그림 속 산은 인왕산이고, 그림 속 검은 바위는 인왕산의 하얀 바위가 맞지?

그림 속 검은 바위를 잠시 감상해 보자. 큼직하고 검은 바위가 위로 솟고 그 아래로 하얀 구름안개 자욱한 띠가 느긋하게 누운 양 자리한 화면. 커다란 화폭에 검은색과 하얀색이 어울린 구도가 대범하고 산뜻하지? 만약에 이 그림 속 바위가 검게 칠해져 있지 않고 하얗게 윤곽선으로만 그려져 있었다면, 이 그림이 이 만큼 멋질 수 있었을까? 아마도 어딘가 맥 빠진 그림이 되었을 것 같아. 이 검은 바위 덕분에, 이 그림은 먹으로만 그린 수묵화인데도 차분함보다는 강한 힘이 느껴지는 거야. 보면 볼수록 이 그림에서 검은 바위는 참으로 중요해 보이지.

그러면 화가는 화면을 멋지게 만들려고 하얀 바위를 시커멓게 칠했을까? 아무래도 그것만은 아니겠지. 하얀 바위를 이렇게 시커멓게 칠하다니 화가 정선은 정말 용감했어. 그런데 정선은 왜 하얀 바위를 검게 칠했던 것일까?

인왕산 하얀 바위 인왕산(仁王山)이 어디에 있는지 모른다면, 경복궁을 바라보고 서 보자. 광화문(光化門) 현판 아래 웅크리고 마주 앉은 해태 두 마리가 머릿속에 떠오르니? 그럼, 맞게 선 거야. 이제 좀 천천히 뒷걸음을 해 볼까. 저 광화문 뒤에는 경복궁이 넓게 자리하고 있지. 그 경복궁 왼쪽으로 드리워진 산을 볼까? 바위가 하얗게 드러나는 산. 이 산이 바로 인왕산(仁王山)이야. 혹은 인왕산(仁旺山)이라고 다른 왕(旺)자를

경복궁의 정문인 광화문이야.

***주산**(主山)
집이나 궁궐을 지을 때에 그 뒤쪽에 있는 산봉우리.

쓰기도 해. 뒤로는 산이 우람하지. 그 산의 이름은 북악산(北岳山), 혹은 백악산(白岳山)이라고 해. 이렇게 궁궐의 정문 뒤로 자리하는 산을 주산*이라고 한단다.

인왕산은 경복궁 서쪽의 산이라 서산(西山)이라고도 불리게 됐지. 그런데 사람들은 북악산보다 인왕산을 더욱 좋아했어. 왜냐고? 인왕산 이야기를 하려면, 우리는 조선왕조가 세워지던 무렵으로 거슬러 가야겠구나. 고려왕조의 도읍이었던 개성의 시대가 끝나고 새 도읍, 한양이 세워지면서 조선왕조가 적당한 궁궐터를 찾던 그 무렵, 고려 시대부터 이름이 높았던 노승 무학대사(1327~1405)가 한양을 둘러보고는 태조를 찾아가 이렇게 아뢰었다지.

"한양에 있는 산 중에서 인왕산의 기운이 가장 좋으니, 인왕산을 주산으로 하여 궁궐을 지으면 번창하겠습니다."

그런데 인왕산을 주산으로 궁궐을 지을 수는 없었단다. 궁궐을 감싸며 연결하는 다른 산과의 구성도 문제였지만, 왕의 궁궐은 남쪽을 바라보고 북쪽의 산이 궁궐을 보호한다는 법칙에 맞추어 세워져야 했거든. 게다가 뒤에서는 산이 지켜 주고 앞으로는 강이 흐르는 배산임수(背山臨水)의 형국*에도 맞추어야 했으니까. 그래서 결국 경복궁은 지금처럼 북악산을 주산으로, 인왕산을 서산으로 삼고 한강의 물줄기를 남으로 바라보며 서게 된 거야. 그렇지만 사람들은 알았지. 인왕산의 기운이 가장 왕성하고 좋다는 것을 말이야. 그래서 인왕산 아래에 살면 산의 기운을 받아 좋을 것이라 믿었단다. 인왕산 자락은 궁궐의 옆 동네라 좋고, 깊은 숲이 이어져 내려와 커다란 바위들 사이로 맑은 물이 쏟아져 내리니 풍경이 수

*** 형국**
풍수지리에서 집터 따위의 겉모양과 부분의 생김새를 이른다.

려하기로도 더 바랄 것이 없었으니까.

　조선 후기의 한 문인이 지은 인왕산 시를 읽어 볼게.

仁王矗石鎭王京, 인왕촉석진왕경
(인왕산 솟은 바위 왕읍 위로 버티었고)
雲裏奇峯畵裏明, 운리기봉화리명
(구름 속 기이한 봉우리 그려 놓은 듯 선명하다)
自是西山多爽氣, 자시서산다상기
(본디 서쪽 산에는 상쾌한 기운이 많아서)
長看不必有歸情, 장간불필유귀정
(오래 바라보며, 돌아가고픈 정이 없어지네)

　인왕산 솟은 바위에 구름이 두른 상쾌한 기운을 보고 있노라면 집으로 돌아갈 마음도 잊게 된다는 내용이야. 인왕산 자락의 좋은 터를 차지했던 조선의 문인들이 적지 않지만, 정선을 후원해 준 집안 장동 김씨(壯洞金氏)가 여러 세대를 걸쳐 인왕산 아래 좋은 터에 저택을 짓고 살았지. 정선은 인왕산 기슭을 조금 빗긴 곳에서 태어나 자랐어. 그들은 모두 이러한 인왕산의 기운에 대하여 커다란 자부심을 가지고 있었단다.

　정선은 인왕산의 기운과 멋진 바위를 어떻게 표현할까 고민했지. 그렇다면 정선이 택한 검은색은 인왕산의 기세를 표현하기 위한 고안이 아니었을까? 그림 속 검은 빛은 바위를 육중해 보이도록 하고, 또한 아주 힘차 보이도록 하고 있거든. 이토록 큰 바위를 힘차게 그리고자 먹선을 긋고 또 그었던 화가의 패기를 느껴 볼 수 있겠니? 그러면 인왕산의 기운을 전달하고 싶었던 화가의 마음을 이해할 수 있을 거야.

정선이 그린 인왕산 바위들
누군가 이렇게 질문할 것 같아.

"정선이 그린 다른 인왕산 그림이 있나요? 아니면 그 시절 다른 화가가 그린 인왕산 그림은 어떤가요?"

그것 참 좋은 질문이야. 우리가 지금까지 들여다보던 〈인왕제색〉과 인왕산 사진의 관계를 설명하기 위한 다른 자료가 더 없는지 살펴볼 수 있으니까.

우선, 정선이 그린 다른 인왕산 그림을 찾아볼까? 화가 정선이 젊었을 때부터 후원해 준 장동 김씨의 저택이 인왕산 아래 자리한다고 했지? 그곳은 '청풍계(淸風溪)'라 불린 곳이었어. 정선은 그 집안과의 인연으로 〈청풍계〉를 여러 번 그렸지. 장동 김씨 저택이 있었던 인왕산 바위 아래 청풍계는 오늘날 고급 주택가로 변했고, 청풍계를 흐르는 물줄기는 도로

> **Tip**
> **청풍계 이름의 유래**
> 청풍계는 원래 푸른 단풍나무가 많아서 푸른 단풍나무가 있는 계곡이라는 의미로, '청풍계(靑楓溪)'라고 불렸던 곳이다. 그런데 병자호란 때 강화도를 지키다 목숨을 잃었던 김상용(1561~1637)이 그곳을 일전에 별장으로 꾸몄는데, 그런 뒤에 맑은 바람이 부는 계곡이라는 의미인 '청풍계(淸風溪)'로 바뀌었다. 정선을 후원해 주었던 장동 김씨의 김창흡이 바로 김상용의 동생 김상헌의 증손이었기에 정선은 후원자 집안의 터전이 자리한 곳이라는 의미에서 더욱 각별하게 생각했을 것이다.

정선이 그린 청풍계의 모습이야. 청풍계 위로 인왕산 봉우리가 솟아 있어.
정선이 바위 봉우리를 검게 칠함으로 인왕산의 기운과 풍취를 효과적으로 표현하고 있어.

로 포장되어 있단다. 종로구 청운 초등학교의 오른쪽 담벼락을 타고 조금만 올라가면 나타나는 말끔한 주택가에 '백세청풍(百歲淸風)'이란 네 글자가 커다랗게 새겨진 바위가 눈에 들어 오지? 바로 그곳이 청풍계야. 장동 김씨 가문의 후손인 김양근은 이곳에 대하여 이렇게 묘사했어.

"산골의 명승으로는 한양에서 이곳이 으뜸이다. …… 마당의 남쪽에 커다란 전나무가 있어 수백 년이 되었는데 한 가지도 마르지 않아서 보기에 좋다. …… 석벽 위에는 주자의 말 '백세청풍' 네 글자가 새겨져 있으니, '청풍대'라 부른다."

〈인왕제색〉의 관지

이제 정선이 그린 〈청풍계〉를 보자. 김양근이 묘사한 커다란 전나무 위로 저택들이 있지? 그 위로 솟은 바위들이 인왕산 바위들이야. 놀랍지 않니? 그림 속 커다란 바위가 검게 칠해져 있으니. 이렇게 검게 칠한 이유는 인왕산 바위를 표현하는 정선의 표현법이었던 것이 분명하지. 〈인왕제색〉에 솟은 바위와 〈청풍계〉에 솟은 바위들이 모두 검은 것과 같은 이유일 테니까.

〈인왕제색〉을 다시 보자. 〈인왕제색〉은 정선이 〈청풍계〉들을 그린 이후에 그린 것이야. 앞에서 살핀 관지를 다시 보면, '인왕제색 겸재'란 여섯 글자 아래로 작은 글씨가 또 있어서 그린 때가 언제인지 알려 주고 있단다. '辛未閏月下浣(신미윤월하완)', 즉 신미년인 1751년 윤달 하순이란 뜻이야. 정선은 1676년에 태어났기에 이 그림은 76세 노년에 그린 작품이지.

비가 갠 상쾌한 기운을 표현하고자 정선은 뭉글뭉글 구름안개 띠를 하얗게 그리고, 그 위로 검은 바위를 유난스레 검게 그렸던 거야. 인왕산에 구름이 두르면 그 풍경이 좋아서 옛 분들은 인왕산을 '필운산(弼雲山)'이라고도 했어. 구름이 둘러 받쳐 주는 산이라는 뜻이지. '弼(필)'이란 글자를 보면 두 개의 활[弓]이 버티고 있지? 활의 모양을 잡아 주듯 힘껏 받쳐 준다는 뜻이야. 올림픽 종목의 하나인 양궁(洋弓)을 보았으니 활의 모습은 알 수 있을 듯한데, 우리 선비들이 사용하던 활의 곡선은 더욱 유연하게 휘어지지. 산의 골격인 바위를 두른 흰 구름안개는 인왕산의 모습을 떠올리게 하는 중요한 요소였단다. 〈인왕제색〉의 흰 띠는 산의 중턱을 두르면서 화면 중앙에 두텁게 자리하면서 검은 바위를 더욱 검고 힘차게 보이도록 하지? 흰 구름안개는 검게 칠한 바위 못지않은 과감한 기법이야. '상쾌한 기운으로 바위가 솟은 인왕산', '구름이 웅장한 필운의 인왕산'이라는 인왕산의 멋드러진 모습을 유감없이 표현하려고 한 것 같아.

정선은 인왕산뿐 아니라 우리나라 멋진 장소를 많이 그렸단다. 진짜 산수풍경을 그린 그림을 '진경산수화(眞景山水畵)'라 하지. 정선은 '진경산수화의 대가'라 불렸어. 우리는 이제 정선이 어떻게 진경산수화를 잘 그리게 되었는지에 대하여 이야기를 나누게 될 거야.

미술놀이
1-1. 먹과 친해지기

정선은 '먹'으로 바위를 검게 칠했어. 먹은 나무를 태울 때 나오는 그을음과 재를 딱딱하게 굳혀서 만든 한국화의 재료야. 오동나무나 소나무로 만든 먹은 옛날부터 인기가 많았다고 해. 잘 만든 먹은 오래될수록 좋은 향이 난다고 하지. 보기엔 까맣게만 보이는 먹이지만, 힘찬 바위도 부드러운 구름도 모두 표현할 수 있는 재료란다. 그림을 그릴 때에는 딱딱한 먹을 물과 함께 벼루에 갈아서 쓰는 거야. 만들어진 먹물을 사서 쓸 수도 있어. 먹물에 물을 적게 타서 쓰면 진한 먹색이 되고, 물을 많이 타면 연한 먹색이 되는 거지. 이렇게 먹의 진함과 연함을 한국화에서는 '농담'이라고 하고, 진한 먹색은 농묵, 연한 먹색은 담묵이라고 불러.

그럼 우리도 먹의 농담을 이용해서 멋진 그림을 그려 볼까? 농담을 잘 조절하면 먹 하나로도 세상 풍경을 모두 표현할 수 있어. 손과 구겨진 종이에 먹물을 묻혀 자유롭게 그림을 그리면서 먹물과 친해져 보자. 산과 강이 있는 멋진 풍경을 상상해 보고, 먹으로 표현해 보는 거야.

준비물
장지(또는 큰 사이즈 종이), 먹물(농묵, 담묵), 먹물을 담을 접시, 구긴 종이, 스펀지, 면봉, 나무젓가락 등

농담을 이용해 연하고 진한 부분을 나누어 표현해 봐.

1-2. 한지 그림 그리기

준비물
여러 가지 색 한지, 바탕이 될 하얀 한지 한 장, 얇은 붓, 물통, 연필, 풀

정선처럼 한국화를 그릴 때 먹과 함께 중요한 재료가 바로 '한지'야. 한지는 닥나무로 만든 우리나라 전통 종이를 말해. 한지는 닥나무 껍질을 벗기고 삶고, 두들기는 과정을 반복해서 만들어지는데 방법이 복잡하고 시간도 오래 걸려. 많은 정성이 필요한 만큼 튼튼하고 멋진 종이가 만들어진단다.

한지는 물이 잘 스미고 번지는 성격을 갖고 있어서 수묵화를 그릴 때 먹의 농담을 잘 담아낼 수 있어. 색상이 잘 표현되는 종이거든. 보통 그림을 그릴 때는 하얀 빛깔 그대로의 한지를 쓰지만, 쓰임에 따라서 고운 빛의 색상을 염색하기도 해.

이번엔 한지를 손으로 찢어 볼까? 찢긴 부분에 아주 얇은 실오라기들이 보일 거야. 한지는 이렇게 손으로 찢었을 때 종이 재료의 결이 자연스럽게 살아 있는 걸 볼 수 있어.

한지를 찢어 붙이기만 했는데도 아주 멋진 그림이 완성되었지?

내가 좋아하는 동물을 한지로 표현하는 거야. 먼저 바탕 종이에 밑그림을 그려 보자. 어떤 색 한지를 어디에 붙일 것인지 계획을 먼저 세우고, 한지를 찢어서 그림에 맞게 붙여 줘. 한지를 원하는 모양대로 자르려면, 물 묻힌 붓으로 한지에 모양을 그린 후 물이 마르기 전에 살살 찢어서 붙이면 편해. 너무 작아서 한지로 붙이기 힘든 부분은 마지막에 색연필로 그리면 돼.

닭은 아침을 가장 먼저 알려 주는 부지런한 동물이야. 어둠을 몰아내고 밝고 좋은 기운을 불러 준다고 해서 옛날부터 우리나라 사람들이 좋아하던 동물이었어. 사이좋은 부부와 행복한 가족을 의미하기도 해.

2장

금강산 그림으로 유명해진 청년

■ 수록 작품

경복 고등학교 비석 ⓒ 국제문화교류봉사단 영동 중학교 학생기자단(이채은, 윤준영, 김여름) (25쪽)
정선 〈독서여가〉 18세기, 비단에 담채, 24.1×16.9cm, 간송미술관 (25쪽)
〈도성대지도〉 1754~1765년, 종이에 채색, 188×213cm, 서울역사박물관 (27쪽)
윤두서 〈자화상〉 1710년, 종이에 채색, 20.5×38.5cm, 해남 윤씨 종가 (31쪽)
조영석 〈고사관수도〉 17세기, 종이에 수묵, 18.3×27cm, 선문대학교 박물관 (32쪽)
정선 《해악전신첩》 중 〈해산정〉 1747년, 비단에 담채, 25.4×33.5cm, 간송미술관 (35쪽)
정선 《신묘년풍악도첩》 중 〈불정대〉 1711년, 비단에 담채, 34.5×37.4cm, 국립중앙박물관 (37쪽)
정선 《신묘년풍악도첩》 중 〈총석정〉 1711년, 비단에 담채, 37.5×38.3cm, 국립중앙박물관 (38쪽)
정선 《경교명승첩》 중 〈목멱조돈〉 1741년 비단에 채색, 29.2×23cm, 간송미술관 (44쪽)

오늘날 우리에게 전하는 정선의 진경산수화는 100폭도 넘어. 그중에서 가장 많이 그려진 곳은 금강산이란다. 한양의 인왕산 아래에서 태어나 자란 청년이 어떻게 강원도 북쪽의 금강산을 그리게 되었을까? 이제, 그 이야기를 들려줄게.

불우한 환경에서 나다 정선은 1676년 1월 서울 종로에 있는 가난한 양반집에서 태어났단다. 종로구 청운동이 정선의 고향이야. 만약 경복 고등학교를 지나갈 일이 있다면 교정을 조금만 걸어 들어가 봐. 교정의 한편에 정선의 집터를 표시하는 그림 비석을 만날 수 있을 테니까. 정선이 태어난 곳을 기념하고자 만든 비석이야. 검고 둥그스름한 돌에 그림을 새겨 넣었는데, 그 그림은 〈독서여가*〉라고 불리고 있어. 사람들은 이 그림 속 인물이 정선이라고 믿고 있지. 그림 속 선비의 책장 안쪽에 붙어 있는 산수화와 선비가 활짝 펼쳐 든 부채의 산수화에 모두 정선의 그림이 그려져 있단다.

*독서여가
책 읽다 쉬는 한가로움.

경복 고등학교에 있는 비석이야.
비석 속 그림이 바로 〈독서여가〉야.

정선이 태어난 청운동은 조선 시대에 '순화방(順化坊)'이라 불렸어. 조선 시대의 한양 지도에서 순화방을 찾아볼까? 〈도성대지도〉라고 불리는 그림을 펼쳐 볼게. 이 그림은 한양 사대문 안의 마을과 도로가 자세하게 그려져 있는 18세기 지도야. 사대문은 동서남북에서 한양으로 드는 문이지. 지도에는 사대문뿐 아니라 왕실을 두른 사방의 산이 선명하게 그려져 있어. 북쪽의 백악산, 서쪽의 인왕산, 동쪽의 타락산, 그리고 남쪽의 남산. 백악산 아래와 인왕산 아래의 사이로 커다란 마을이 보이니?

> **Tip 타락산**
> 지금 낙산공원이라고 불리는 낙산에 해당된다. 백악산, 인왕산, 남산에 비해서는 동산이라고 불릴 만큼 작고 아담한 산이다. 낙타의 등 모양을 닮았다고 해서 타락이라 불렀다고 전해진다.

〈도성대지도〉의 왼쪽 위로 가서 우선 경복궁을 찾아볼까? 백악산 아래 세로가 긴 사각형의 터가 경복궁 터야. 임진왜란으로 불에 타서 백 년이 지나도록 새로 짓지 않았기에 나무가 무성해졌지. 그 왼편에 있는 산이 인왕산이야. 경복궁과 인왕산 사이로 순화방이 있지. 18세기 문인 조영석이 정선과 한 동네에서 살았어. 어떻게 아냐고? 조영석(1686~1761)이 "정선 공은 …… 어려서 한양의 북쪽 동네 순화방 백악산 밑에 살았고 나 역시 순화방에서 살았다."라는 글을 남겼거든. 조영석이 남긴 이 한 구절이 정선의 어린 시절 동네를 정확하게 알려 준 셈이지.

정선의 집안은 원래 양반이었지만 가세*가 몹시 기울고 있었단다. 정선

***가세**
집안의 살림살이 따위의 형세.

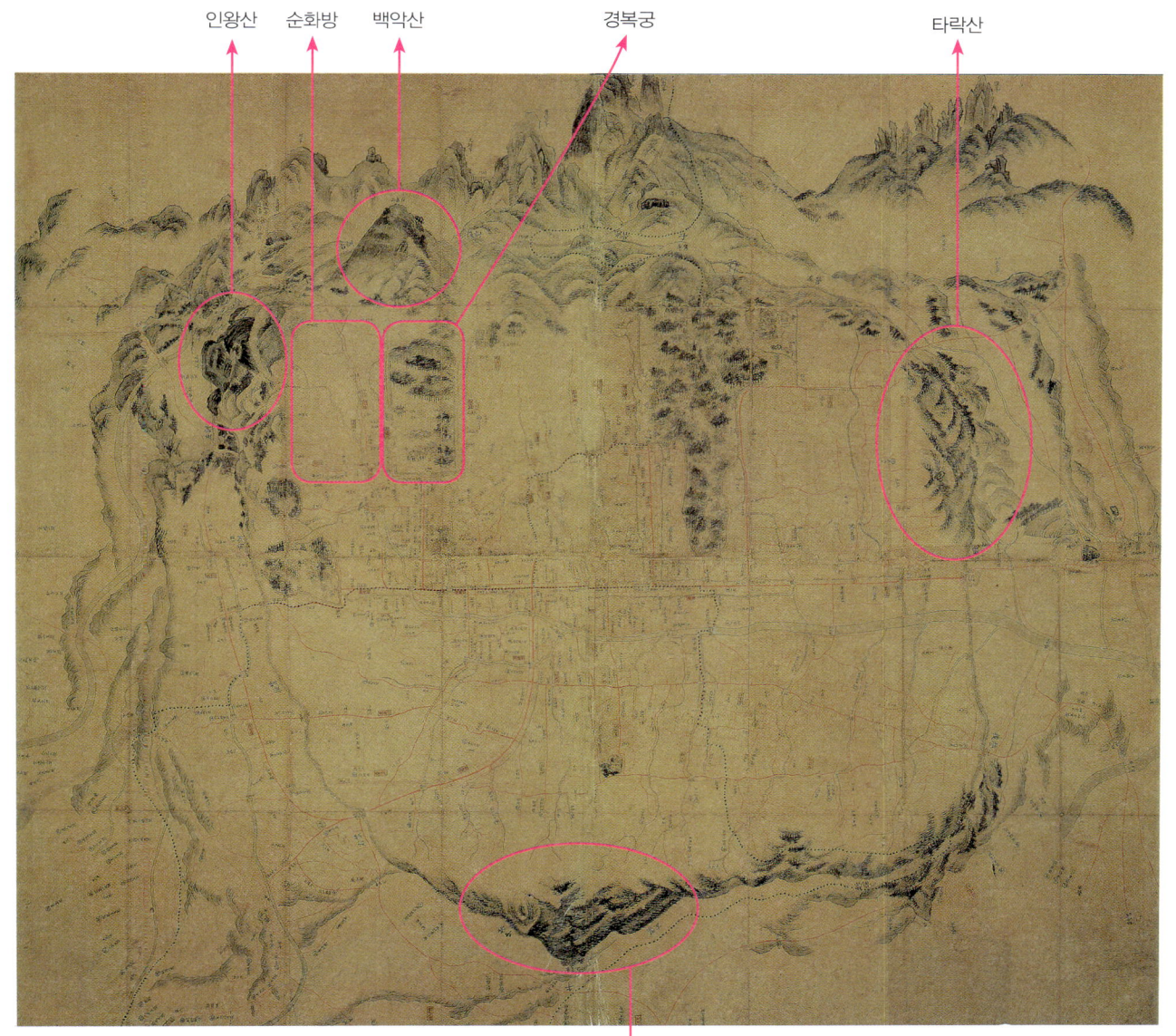

조선 시대의 한양 지도인 〈도성대지도〉야.

의 고조부가 관직을 지낸 이후에는 여러 세대에 걸쳐 과거에 합격하지 못하고 벼슬을 제대로 얻지 못하면서 집안의 경제 사정이 점점 나빠졌기 때문이지. 게다가 정선의 아버지는 정선이 열네 살 때 세상을 떠났단다. 정선은 맏아들이었지. 정선은 홀어머니를 봉양해야 했어. 말하자면 정선은 양반 집안에서 태어났지만 양반 행세를 할 수 없는 가난한 집안에서 성장한 거야. 정선은 스물네 살에 결혼하여 곧 두 아들을 낳아 어엿한 가장이 되었단다. 그러나 집안 살림은 더욱 어려워졌을 거야.

육창에게 인정받다 이렇게 불우한 환경 속에서 성장한 정선이 어떻게 훌륭한 화가가 될 수 있었을까? 정선의 성장에 관련된 기록이 없기에 상세한 내용은 알 수 없어. 정선이 어떻게 그림을 배우기 시작했는지 누구에게 배웠는지 등의 기록은 찾을 수 없다는 말이야. 분명한 사실은, 청년 정선의 이름이 널리 알려진 계기는 금강산 그림이 인정된 사건이었지. 금강산은 강원도 북쪽에 있는 명산으로 기이한 바위가 수없이 솟아난 수려한 산이란다. 금강산의 풍경이 하도 아름다워 산이 많은 우리나라에서도 최고의 산이라 여겼지. 그런데, 이 가난한 서울 청년 정선이 어떻게 강원도 금강산까지 가서 그림을 그리게 되었을까.

정선이 금강산 화가가 되기까지 정선의 그림 실력을 인정하고 도와준 사람들이 있었단다. 순화방의 북쪽 인왕산 자락에는 마침 정치적 권력과 경제력이 막강한 장동 김씨네가 살고 있었어. 정선을 후원한 이들은 바로 이 집안의 학자들이었단다. 장동 김씨네는 인왕산 계곡물이 흘러내리는 청풍계에 터를 닦고 살았지. 우리는 앞에서 '청풍계'라는 그림을 보았으니 그 이름이 한결 익숙하지? 옛 지도를 다시 살펴볼까? 순화방 북쪽에 청풍계가 위치한 곳을 찾을 수 있겠니?

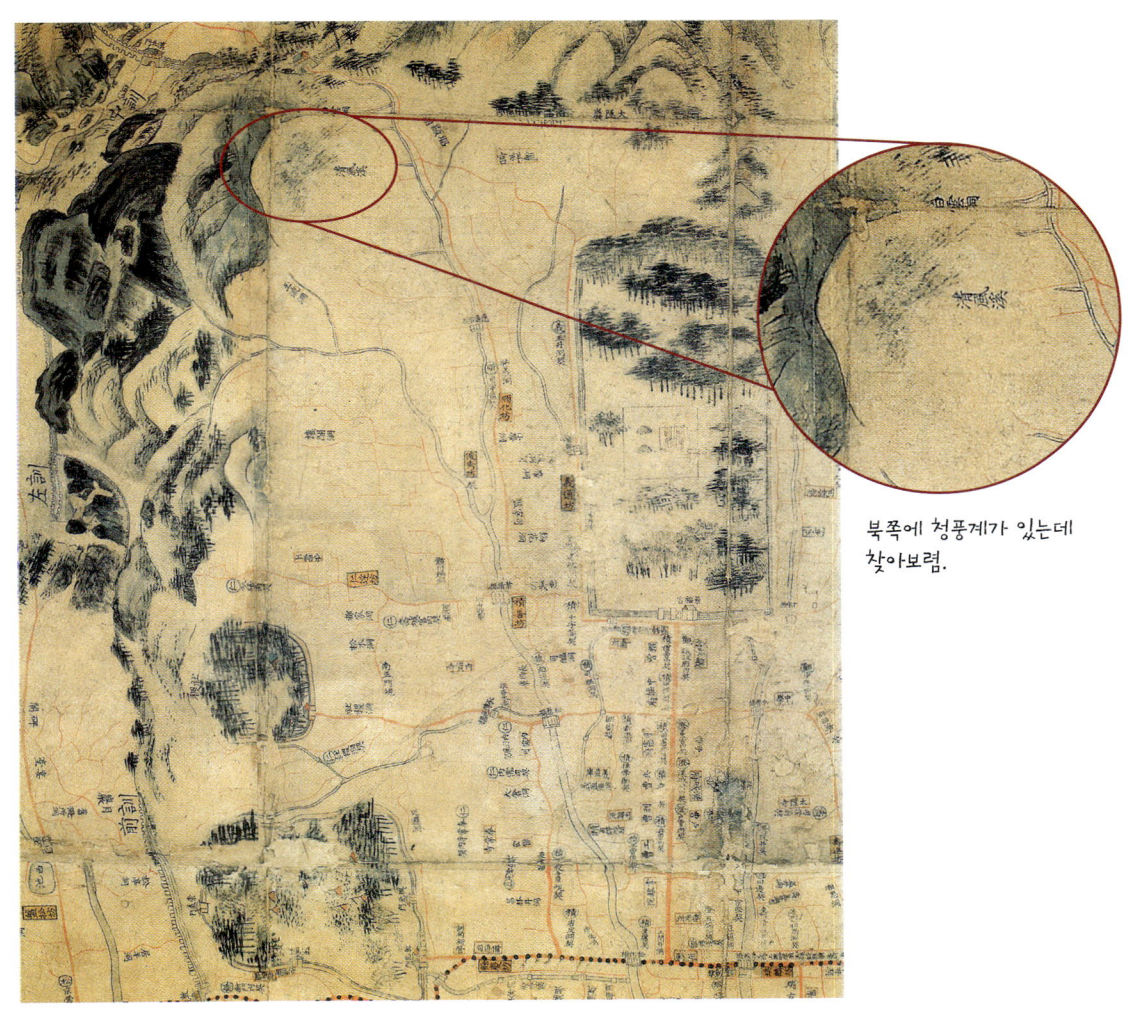

북쪽에 청풍계가 있는데 찾아보렴.

장동 김씨네는 그 권력이 왕실의 권력보다 세다는 말이 있었을 정도로, 그 시절 쟁쟁한 집안이었어. '장동 김씨'란 말은, 경상남도의 안동 김씨의 일부가 한양으로 와서 장동(즉, 장의동)에 거주하여 여러 세대를 거치면서 자연스럽게 붙여진 이름이란다. 병자호란 때 청나라에 항거했던 김상용과 김상헌(1570~1652)이 모두 장동 김씨 가문에서 나왔고, 이후 영의정 김수항, 영의정 김창집이 대를 이어 정승이 되었으니 정치적 권력이 막강했고 문화적 수준은 매우 높았지.

정선의 집안은 몇 세대 전부터 장동 김씨네와 인연을 맺어 온 터였단다. 정선의 고조부 정연(鄭演)이 벼슬할 때 장동 김씨의 선비들과 시회*를 열어 교유하였거든. 그 후 줄곧 한마을에서 서로 아는 집안이었지. 특히 정선을 좋아한 이들은, 영의정 김수항의 여섯 아들인 '육창(六昌)'이었단다. 육창이란 '여섯 명의 창'이지? 김수항의 여섯 아들은 이름이 모두 '창성할 창(昌)'자로 시작하거든. 창집(昌集), 창협(昌協), 창흡(昌翕), 창업(昌業), 창즙(昌緝), 창립(昌立). 이들의 학문과 문학이 우뚝했기에 사람들은 이들을 '육창'이라 불러 칭송했지. 김수항은 1689년 정치적 소용돌이에 휘말려 그만 사형을 당했지만, 육창 형제들은 더욱 꿋꿋하게 학문 활동을 하여서 젊은 학자들이 그들 주변에 모여 들었고, 그 당시 학자들에게 육창의 문학과 철학의 영향력은 상당히 컸어. 이러한 육창이 정선을 알고 그의 그림 실력을 인정했던 거야. 또한 정선은 육창의 주변에 모여드는 많은 선비들과 벗이 될 수 있었어.

그럼, 정선은 언제부터 어떻게 화가로서 육창의 인정을 받았던 것일까? 눈에 띄는 기록은 육창 중 넷째인 김창업이 1713년에 기록한 『노가재연행

* **시회(詩會)**
시 짓는 모임.

일기(老稼齋燕行日記)』야. '노가재'는 김창업의 호이고, '연행일기'란 연경*을 다녀온 뒤 쓴 일기를 뜻하지. 『노가재연행일기』에 정선의 그림 이야기가 실려 있어.

*연경(燕京)
지금 중국의 수도 북경.

"정선, 조영석, 화사* 이치가 그린 산수화와 진사 윤두서의 인물화 등 가지고 온 것을 모두 꺼내어 보였다. 마유병이 정선의 그림을 좋다고 해서 끝내 주고 왔다."

*화사(畵師)
화공. 예전에 화가를 이르던 말.

김창업이 중국에 가서 우리나라의 그림 몇 점을 펼쳐 놓았더니 마유병이란 중국 학자가 살펴보고 정선의 그림이 가장 뛰어나다 하였고, 이에 김창업이 그 중국 학자에게 정선 그림을 선물로 주고 왔다는 이야기야. 김창업이 중국으로 떠나던 1712년은 정선의 나이가 서른여섯이던 해였어. 생각해 봐. 김창업이 중국으로 갈 때 정선의 그림을 가져갔고, 그 그림이 중국에서 인정을 받았다는 이 이야기가 무엇을 말해 줄까? 정선은 적어도 1712년 이전에 탄탄한 그림 실력으로 뛰어난 작품을 제작하고 있었다는 사실, 김창업이 중국으로 챙겨 간 몇 점의 그림 중에 정선의 그림이 포함되어 있었다는 사실, 그리고 그중에서도 정선의 그림이 중국에서 가장 뛰어나다고 인정을 받았다는 사실들을 말해 주고 있지.

김창업이 가져간 그림 중에서 조영석의 그림도 있었지. 조영석은 그림을 아주 잘 그린 문인이란다. 이치는 직업

윤두서의 자화상이야.
그림이 살아 있는 것 같지?

정선과 같은 동네에 살았던 조영석의 그림이야.

화가였던 화원이었으니 말할 것도 없고. 윤두서(1668~1715)는 정선보다 나이가 많은 학자로 뛰어난 자화상을 남길 만큼 솜씨가 뛰어났었지.

중국 학자가 이들의 그림을 모두 제쳐 놓고 정선의 그림이 제일 좋다고 했다니! 김창업의 이 기록에서 볼 때, 정선은 이미 30세 이전에 이미 상당한 그림 실력을 연마하였고, 육창 형제들은 이를 자랑스럽게 소유하고 있었던 상황을 헤아릴 수 있지. 김창업의 『노가재연행일기』는 그 당시 조선 학자들에게 정선의 실력을 알려 주는 역할도 했을 거야.

《해악전신첩》의 인기

한편, 정선의 그림 실력을 세상에 알려 준 그림은 김창업이 중국으로 떠난 1712년에 제작된 금강산 화첩이었어. 이제부터 그 사연을 들려줄게. 이야기는 김창흡(1653~1722)에서 시작해야겠어. 김창흡은 육창 중 셋째였고, 유난히 시를 잘 짓고 여행을 좋아한 선비였지. 금강산을 열 번쯤 찾아갔을 정도야. 멀고 험한 것을 마다하지 않고 간 거지. 왜 그랬을까? 김창흡은 주장하길, 위험을 무릅쓰고 직접 가서 산수(山水)의 깊은 맛을 체험해야 멋진 시를 지을 수 있다고 했어. 체험과 감동을 바탕으로 쓴 그의 시는 칭송이 자자했지. 김창흡의 형 김창협도 산수 여행을 함께 즐기곤 했어. 이 형제들을 존경하여 따르는 많은 젊은 학자들은 금강산 유람을 자랑삼게 되었고, 꼭 가 봐야겠다고 생각하게 됐지. 많은 선비들은 삼삼오오 무리 지어 금강산으로 떠났고, 이들의 금강산 유람 열기 속에서 18세기 전반의 금강산 산수 기행문학이 폭발적으로 쏟아져 나왔지.

김창흡의 문하생들 가운데 유난히 뛰어난 시인, 이병연(1671~1751)이 있었어. 이병연은 때마침 강원도 금화의 현감이 되었단다. 이병연은 아주 기뻤을 거야. 가고 싶은 금강산의 지척 거리로 일자리가 났으니 말이야. 이병연은 화가 정선을 강원도로 초청해서 금강산에 올랐지. 이 유람에서 정선은 금강산 곳곳을 화폭 수십 폭에 담았단다. 정선의 그림 뒤에 이병연은 시를 지어 붙였지. 이 그림과 시를 뒤에 본 김창흡이 매우 흡족하여 자신의 시를 더해 주었어. 그리하여 정선의 그림과 뛰어난 시인 두 사람의 시가 합쳐진 아주 특별한 시화첩이 만들어졌어.

이 시화첩의 제목은 《해악전신첩(海嶽傳神帖)》이야. '해악(海嶽)'이란 바다산이란 뜻이란다. 금강산이 동해가에 자리하니 해악이란 이름이 어울리지. 또한 오래전부터 사람들은 바닷속 어딘가 신선이 사는 산이 있다고 상상했어. 아마도 해악이라 하면 금강산을 신비로운 산으로 전달하는 효과가 있었을 거야. '전신(傳神)'이란 대상의 정신 혹은 정수를 전달한다는 뜻이야. 원래는 인물화를 그릴 때 인물의 정신을 담아낸다는 의미로 사용되던 말이지. 그래서 초상화를 '전신'이라 부르는 전통이 있어. 그러니까 '해악전신'이란 제목은 '금강산의 정수를 전달한다'라는 뜻이 되겠지? 알아 둘 게 하나 더 있어. '금강'이란 불교 경전에서 나온 말이라 조선 시대 유학자들이 '금강'이란 말의 사용을 꺼렸대. 그래서 금강산을 '해악산' 혹은 '풍악산(楓嶽山)'이라 했어.

《해악전신첩》은 한양의 여러 문인들이 직접 어루만져 보고 싶어 했던 귀한 물건이지. 이를 본 사람이면 누구든지 정선의 그림 솜씨에 감탄하지 않을 수 없었어. 당시 뛰어난 문인들 이하곤, 조유수, 신정하, 홍중성, 권

1747년에 정선이 해산정을 그린 그림이야. 저 뒤로 금강산이 보이지?
그림 왼편에 선 바위들, 그림 오른편에 거북처럼 웅크린 바위는 해산정에서 유명한 바위들이란다.

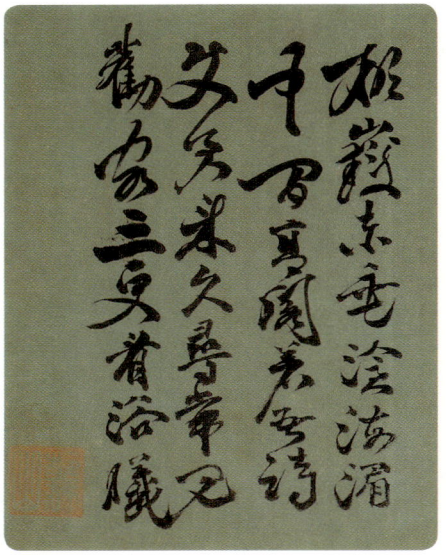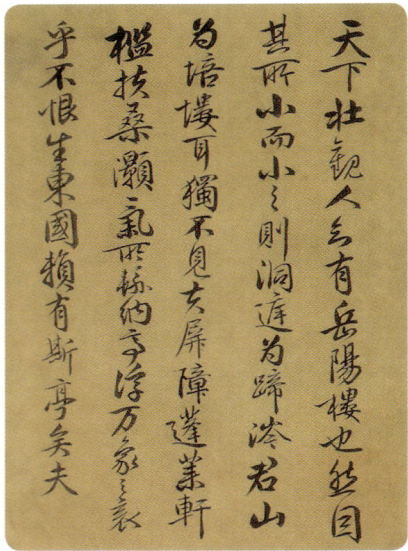

1747년 정선이 그린 〈해산정〉에 이병연과 김창흡이 시를 붙였단다. 1712년의 《해악전신첩》에서처럼 두 시인의 시를 붙인 건데 다만 김창흡은 이미 세상을 떠났기에 그의 후배가 옮겨 적었단다.

섭 등이 《해악전신첩》을 감상하고 자랑스레 시문을 남겼단다. 하나의 회화 작품에 여러 사람들이 감상의 시문을 남기는 일은 흔치 않은 일이야. 감상을 기록한 글이 이렇게 많으니 실제로 이 시화첩을 감상한 이들은 더욱 많았겠지. 말하자면 《해악전신첩》은 정선에게 화가로서의 명성과 인기까지 안겨 주었던 거야.

그런데 1712년 작품인 《해악전신첩》은 어디론가 사라져서 오늘날에는 전하지 않는단다. 정말 안타까운 일이야. 다만 김창흡이 《해악전신첩》 30여 폭을 한 폭 한 폭 감상하며 붙인 제화시*가 전하고 있기에 《해악전신첩》의 구체적 내용을 파악할 수 있단다. 김창흡의 시 제목은 곧 그림의 제목이었거든. 시 제목을 헤아리면 그림은 30폭이고 그 순서는 다음과 같단다. 자,

*제화시(題畵詩)
그림을 보고 지은 시.

금강산의 유명한 열두 줄기 폭포가 내려오는 장관이 보이는 곳이 불정대야.
불정대로 오르려면 사다리를 올라야 하고, 다시 불정대 위로 가려면 외나무다리를 건너야 했어.
정선은 불정대 위 외나무다리까지 빠뜨리지 않고 그렸어.

커다란 돌기둥 네 개가 나란히 서 있는 것을 봐. 고대 성전의 기둥이 남은 듯하지! 이 기둥이 천연으로 만들어져 바닷물 넘실대는 데 버티고 서 있으니, 정말 볼수록 아름답고 신기하지!

지금부터 열거해 볼게. 숨을 쉬지 말고 단숨에 읽어 볼까? 이 제목들은 그 당시 유명했던 금강산 일대의 명소들이란다.

〈금성피금정〉, 〈통구모우〉, 〈단발령망금강〉, 〈장안사〉, 〈정양사〉, 〈벽하담〉, 〈금강내산총도〉, 〈불정대망십이폭〉, 〈백천교출산〉, 〈해산정〉, 〈삼일호〉, 〈고성문암관일출〉, 〈옹천〉, 〈통천문암〉, 〈총석정〉, 〈시중대중추범월〉, 〈용공사동구〉, 〈입산도〉, 〈화적연〉, 〈삼부연〉, 〈화강백전〉, 〈화강현재〉, 〈당포관어〉, 〈사인암〉, 〈수태사동구〉, 〈정자연〉, 〈곡운농수정〉, 〈송풍정〉, 〈첩석대〉, 〈칠선동〉.

1711년 《풍악도첩》 1712년의 유람으로 만들어진 《해악전신첩》은 사라졌지만, 이보다 한 해 먼저 그려진 정선의 금강산 화첩이 국립중앙박물관에 전하고 있단다. 1711년 작품인 《풍악도첩(楓嶽圖帖)》이란 화첩이야. 《풍악도첩》에는 모두 13폭이 실려 있지. '풍악'이란 '단풍 산'이란 뜻인데, 금강산에 단풍이 많아서 불리던 별칭이야. 우리는 《풍악도첩》을 펼쳐 보며 《해악전신첩》을 상실한 아쉬움을 좀 달래 볼 수 있을 것 같아. 그나마 다행이지. 《풍악도첩》 13폭의 내용은 《해악전신첩》 30폭에서 만나 본 곳들이야. 〈금성피금정〉, 〈단발령망금강〉, 〈장안사〉, 〈벽하담〉, 〈금강내산총도〉, 〈불정대〉, 〈백천교〉, 〈해산정〉, 〈삼일포〉, 〈고성문암관일출〉, 〈옹천〉, 〈총석정〉, 〈시중대〉라는 열세 곳이거든. 《해악전신첩》에 없는 제목은 하나도 없어. 다시 말해 1711년 작품인 《풍악도첩》을 보면서 아쉬운 대로 1712년 작품인 《해악전신첩》의 수준을 추정할 수 있겠다는 뜻이지.

정선의 그림 《풍악도첩》을 한 폭씩 펼쳐 본다면, 지금은 북한 땅에 있으니 우리가 쉽게 갈 수 없는 금강산 구경도 하는 셈이지. 먼 산에 직접 가서 오르는 수고를 하지 않고 누워서 그림으로 이곳저곳 훌쩍훌쩍 명산 멋진 곳을 찾아다니는 것을 일러, 옛사람들은 '와유(臥遊)'라 했단다. '와유'란 '누워서 노닌다'는 뜻이야. TV도, 인터넷도 없던 시절, 와유의 즐거움을 주는 것은 오직 그림이었겠지.

금강산 곳곳을 차근차근 감상할 수 있었던 화첩을 상상해 봐. 한양의 선비들은 너도나도 정선의 화첩을 가지고 싶어 했단다. 금강산 유람을 가고자 하는 문인들에게 정선의 금강산 화첩은 그들이 가지고 싶은 첫 번째 그림이었을 거야.

벼슬길이 열리다 《해악전신첩》이 제작된 지 3년 후, 1715년 육창의 맏형 김창집(1648~1722)은 정선을 도화서(圖畵署)에 들도록 추천했어. 정선의 그림 실력은 널리 인정되었지만 뚜렷한 직업이 없는 점은 안타까운 일이었지. 장동 김씨의 후손 김조순(1765~1832)이 쓴 글에 이렇게 적혀 있어.

"겸재(정선)는 우리 선조들과 오랜 이웃이다. 젊어서 그림을 잘 그렸으나 집이 가난하고 부모님이 늙어서 우리 선고조이신 충헌공 김창집께 작은 벼슬을 부탁하니, 충헌공이 도화서에 들도록 권장하였다. 잠시 후 벼슬에 나가게 되어 현감에까지 이르렀다."

'도화서'란 나라에서 화가들을 뽑아 왕실을 위하여 각종 그림을 그리게 한 기관이야. 도화서의 화가는 '화원(畫員)'이라 불렸단다. 화원이 되려면 시험을 치르는데, 정선은 특별 추천을 받았던 거야.

수년 뒤, 정선은 41세에 '관상감겸교수'의 직책을 맡았단다. 관상감은 날씨와 별자리 등을 살피면서 길흉을 살피는 곳이야. 정선은 그림을 잘 그렸을 뿐 아니라 주역에도 능했다고 해. 이어서 정선은 여러 지방으로 벼슬살이를 하러 다니게 되었지. 경상북도의 하양(河陽)과 청하(淸河)에서 현감을 지냈어. 현감이란 '화원'보다는 높은 신분이었지만, 사실상 지방관 중에서는 가장 낮은 자리였어. 정선이 지속적으로 그림을 그리기엔 적당한 벼슬이었던 것 같아. 양천(陽川)에서는 현감보다 한 급 높은 현령을 지냈단다. 현령은 현감보다 한 급 높은 직분이야. 오늘날 서울의 강서구에서는 정선이 현령을 지낸 곳이라는 의미를 기리어 겸재 정선 미술관을 세웠단다.

정선은 벼슬을 겸하면서 쉴 틈 없이 그림을 그렸단다. 정선의 그림 솜씨도 날로 좋아졌지. 1747년에 제작된 《해악전신첩》 21폭이 그 증거라고 할 수 있어. 이 화첩은 간송미술관에 온전하게 전하고 있단다. 참으로 다행이지? 1712년의 《해악전신첩》 후 35년이 흐른 뒤의 작품이야. 이 화첩에 수록된 그림은 금강산 및 동해안 일대뿐 아니라 한탄강 자락의 〈삼부연〉과 〈화적연〉을 포함하고 있어. 그리고 〈화강백전〉 〈정자연〉 〈피금정〉 〈단발령망금강〉 〈장안사비홍교〉 〈정양사〉 〈만폭동〉 〈금강내산〉 〈불정대〉 〈해산정〉 〈사선정〉 〈문암관일출〉 〈문암〉 〈총석정〉 〈시중대〉 〈용공동구〉 〈당포관어〉 〈사인암〉 〈칠성암〉까지 21폭이지.

이 외에도 간송미술관 소장의 《관동명승첩》 11첩에는 금강산을 내려와 동해안 명소들만 다시 모아져 있고, 용인박물관의 《겸재화첩》이란 작은 화첩에는 금강산과 동해안 일대의 유명한 곳만 모아 8폭이 실려 있지. 저 멀리 영국의 박물관에도 정선의 금강산 화첩 한 권이 소장되어 있단다. 아마 전하지 않고 사라진 게 더 많을 거야.

그 시절의 어떤 학자는 정선의 금강산 그림들을 여기저기서 모아 화첩을 꾸리기도 했어. 최근에 소개된 유엄(柳儼, 1692~?)이란 학자란다. 그의 문집에는 정선의 금강산과 동해안 일대의 그림 50여 폭을 한 화첩으로 엮어서 겸재 화첩을 만들었다는 기록이 자랑스럽게 적혀 있어. 꽤 두툼한 화첩이었겠지? 이 또한 오늘날에는 전하지 않으니 안타까울 뿐이야.

이렇게 정선은 평생 동안 높은 인기를 누렸어. 한양의 많은 선비 집에 정선의 금강산도가 걸렸지. 그 시절 학자들은 정선의 금강산 그림을 왜 그렇게 좋아했던 것일까? 우리가 정선의 그림을 좀 더 자세히 살펴본다면 그 답을 찾을 수 있을까? 자, 이제 우리 함께 금강산 곳곳을 다니며 정선의 금강산 그림 속으로 본격적인 여행을 떠나 보자.

미술놀이
2-1. 농담으로 산속 풍경 표현하기

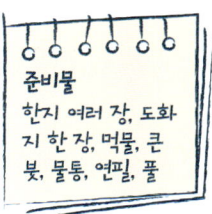

준비물
한지 여러 장, 도화지 한 장, 먹물, 큰 붓, 물통, 연필, 풀

정선이 그린 산수화를 보고 있으면 멋진 그곳에 가 보고 싶기도 하고, 편안하게 휴식하는 기분이 들기도 해. 정선의 산수화를 사랑하던 조선 시대의 선비들도 그런 마음이 아니었을까?

산봉우리와 하늘, 물이 어우러진 풍경을 먹의 농담을 살려서 조금 특별한 방법으로 풍경을 만들어 보자. 먼저 먹의 진하고 연하기(농담)를 4단계로 만들어 한지에 한 장씩 큰 붓으로 칠해. 각각 다른 진하기의 한지가 네 장 만들어지겠지? 한지가 마르는 동안 산과 강이 있는 풍경 사진을 관찰하고 도화지에 연필로 그려.

그다음, 어떤 산봉우리가 가장 진하게 표현되어야 하는지, 또 어디가 연한 색이 어울리는지 미리 계획해 보는 거야. 이제 먹물이 다 마른 한지를 손으로 찢어 밑그림에 맞게 풀로 붙이면서 작품을 완성해 보자.

먹의 농담을 살려 산과 물, 하늘을 특별하게 표현해 봐.

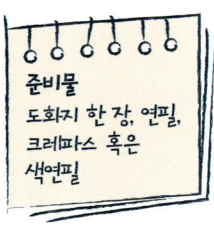

준비물
도화지 한 장, 연필, 크레파스 혹은 색연필

2-2. 그림으로 시 표현하기

정선의 곁에는 늘 정선의 작품을 사랑하는 친구가 있었어. 정선이 그림을 그리면, 친구는 그림에 어울리는 시를 지었지. 정선은 그림을 그리고, 친구는 시를 써서 같은 장면을 표현한 거야.

정선의 오랜 친구인 이병연의 시를 읽고 떠오르는 장면을 그려 보자. 어떤 장면을 보고 쓴 시일까?

새벽빛 한강에 뜨니 큰 집들 낚싯배에 가린다.
아침마다 나와 오뚝 앉으면 첫 햇살 종남산에 오른다.

연필로 밑그림을 그린 후에 어울리는 색의 크레파스로 색칠해서 작품을 완성하고, 실제 정선이 그린 그림과 비교해 봐. 나의 그림과 비슷한 부분과 다른 부분을 찾아보면서 정선의 〈목멱조돈〉을 감상해 보자. '목멱산'은 '남산'의 옛 이름이야.

3장

신나는 금강산 유람, 붓질도 흥겹다

■ 수록 작품

정선 《풍악도첩》 중 〈단발령망금강〉 1711년, 비단에 담채, 39×34.3cm, 국립중앙박물관 (50쪽)
정선 《해악전신첩》 중 〈단발령망금강〉 1747년, 비단에 담채, 32.2×24.4cm, 간송미술관 (53쪽)
노영 1307년, 나무에 먹과 금니, 22.4×13cm, 국립중앙박물관 (54쪽)
이인문 〈단발령망금강〉 1745년, 종이에 담채, 45×23cm, 개인 소장 (55쪽)
작가 미상 《금강산도》 8폭 중 제1폭, 종이에 담채, 32×126cm, 개인 소장 (56쪽)
정선 〈만폭동〉 18세기, 비단에 담채, 22×33cm, 서울대박물관 (58쪽, 왼쪽)
정선 〈만폭동〉 56.0×42.8cm, 종이에 수묵, 간송미술관 (58쪽, 오른쪽)
정선 《풍악도첩》 중 〈벽하담〉 1711년, 비단에 담채, 26.1×36.1cm, 국립중앙박물관 (61쪽)
정선 《풍악도첩》 중 〈금강내산총도〉 1711년, 비단에 담채, 37.5×35.9cm, 국립중앙박물관 (62쪽)
정선 〈금강전도〉 1734년, 종이에 담채, 130.8×94cm, 리움미술관 (63쪽)
정선 《풍악도첩》 중 〈고성문암관일출〉 1711년, 비단에 담채, 37.9×36cm, 국립중앙박물관 (66쪽)
정선 《해악전신첩》 중 〈문암관일출〉 1747년, 비단에 담채, 22.5×33.0cm, 간송미술관 (68쪽)
정선 《겸재화》 중 〈고성문암〉 종이에 담채, 25.0×19.2cm, 개인 소장 (71쪽)

조선 후기 한양 선비들의 금강산 유람은 어떤 모습이었을까? 비행기는 커녕, 자동차도 없고 기차도 없던 교통 상황을 상상해 봐. 그들은 지도를 들고 말을 타고 머슴들을 데리고 길을 떠났겠지. 머슴들은 선비들의 옷가지며 먹을 것까지 짊어지고, 말안장을 붙들고 따라 나섰을 거야. 동쪽으로, 또 동쪽으로 강원도까지 가는 여정은 고달프기도 했겠지만, 그 종착지는 우리나라에서 가장 멋진 금강산이라 마음은 몹시 흥겨웠을 거야. 선비들은 벗들과 이미 몇 해 전에 유람을 약속하지. 선비들이 행장을 꾸려 출발할 때는 온 동네가 떠들썩했다지.

백옥을 깎아 만든 꽃송이 정선이 그린 금강산 그림에서 첫 번째로 펼쳐 볼 그림은 〈단발령망금강*〉이야. 이 그림을 이해하기 위해서는 전망대에 올랐던 기억이나 상상이 필요할 것 같구나. 남산 전망대에 올라가서 서울을 내려다본 경험이 있다면 좋을 텐데. 높은 곳에 오르면 가까운 곳과 먼 곳을 한꺼번에 볼 수 있으니 신기하고 재미있고 가슴도 탁 트이지. 세계의 여러 도시를 여행하게 된다면 도시마다 높은 전망대가 있다는 사실을 알게 될 거야. 왜냐고? 사람들은 전망대에 올라가서 구경하기를 즐기거든. 비싼 입장료에도 아랑곳하지 않고 전망대에 올라 구경하려는 사람들이 많은 것을 보면 알 수 있지. 옛날 사람들도 다를 바가 없었어.

* **단발령망금강**(斷髮嶺望金剛)
단발령에서 금강산을 바라보다.

선비들이 강원도로 진입하면 반드시 단발령에 올랐단다. 단발령은 금강산의 아름다움을 한눈에 볼 수 있는 언덕이거든. 정선이 그린 〈단발

단발령에서 금강산을 바라본 모습이야. 하얀 꽃송이처럼 보이는 부분이 금강산이야.

령망금강〉에는 단발령에서 보이는 금강산이 선명하게 그려져 있지. 그림 속 금강산의 모습을 보렴. 하얗고 높은 봉우리들이 우뚝우뚝 모여서 솟은 모습이 어떠한지. 그 시절 선비들은 이 모습을 일러 "백옥(白玉)으로 깎아 놓은 연꽃 송이와 같도다."라며 감탄했어. 정선이 그려 놓은 금강산은 실로 꽃송이 모양의 하얀 옥 조각이 구름 위에 둥실둥실 떠 있는 모습이야. 선비들은 금강산에 어서 도달하고픈 마음을 잠시 누르고 천마산의 단발령에 올랐단다. 입장료는 없었지만 한나절을 꼬박 올라야 하는 꼬불꼬불 긴 길이었지. 혹여 가는 길에 날이 흐려 구름이 끼었거든 돌아오는 길에 오르기를 기약했지. 금강산의 어여쁜 장관을 볼 수 있는 곳은 단발령이 최고였기 때문이야.

    정선은 단발령에서 보이는 금강산의 모습을 잘 보여 주려고 잠시 고심을 했던 것 같아. 이 그림은 오른쪽 위에서 왼쪽 아래로 비스듬히 내려오는 대각선 구도로 화면이 구성되어 있어. 그 결과 단발령과 금강산이 엇비슷하게 마주하고 있지. 오른쪽은 나무가 무성한 흙산의 단발령이고, 왼쪽은 하얗게 깎아 놓은 듯한 바위산 금강산이야. 그 사이의 먼 길은 구름으로 덮였어. 화가 정선의 대담한 구도 덕분에, 우리는 단발령과 금강산만 볼 수 있어.

유람하는 선비들이 지금 단발령에 올라 있어. 그 모습을 자세히 보면, 좀 놀라운 사실을 발견할 수 있을 거야. 선비들이 커다란 도포에 넓은 갓을 쓰고 언덕 꼭대기에 올라와 있다는 사실.

단발령에 올라와 있는
선비들의 모습이야.

등산복이나 등산모, 운동화도 없었던 게 분명하지. 그 옆에 놓인 가마가 보이니? 믿기 어렵겠지만, 선비들은 꼬불꼬불 긴 길을 가마를 타고 온 거야. 한나절이나 가마를 짊어졌던 가마꾼들은 몹시 지쳤을 성싶은데 서성이며 함께 금강산을 구경하고 있으니, 단발령에서 보이는 금강산이 몹시 아름답다는 뜻이겠지.

모처럼의 금강산 유람길에 올랐는데 가는 길이나 오는 길이나 구름이 아른거려 단발령의 구경을 제대로 못 한 선비라면, 정선이 그려 주는 〈단발령망금강〉으로 아쉬움을 달랬겠지. 그래서 아마도 정선은 많은 〈단발령망금강〉을 그려야 했을 거야. 이제, 1747년 《해악전신첩》에 실린 〈단발령망금강〉을 보렴. 1711년 작품의 구도를 그대로 반복한 그림인 것을 알 수 있지. 또한 빠르고 능숙한 필치로 단발령과 금강산을 그려 낸 익숙함 속에 정선의 오랜 단련이 담겨 있는 것도 볼 수 있어.

그런데 단발령이란 언덕의 이름이 좀 이상하지? '단발(斷髮)'이란 머리를 자른다는 뜻이잖아. 사실 오늘날 우리는 '단발머리'라는 표현을 일상적으로 사용하기에 '단발'이라 하면 그저 머리를 짧게 자른 헤어스타일의 일종을 생각하게 될 거야. 그렇지만 그 시절 선비들이 말하는 '단발'이란 차원이 다른 말이었단다. 옛 선비들의 모습을 떠올려 봐. 평생 한 번도 머리를 자르지 않고 꽁꽁 틀어 묶어 상투를 올렸잖아. 그들에게 머리를 자르는 일이란 없었고, 당연히 이발소도 없었지. 그런데 단발령에 올라서는 머리를 자른다고 해서 단발령이 된 거야. 도대체 그게 무슨 말이냐고?

'단발령'의 이름이 붙은 유래는 사실 여러 가지란다. 단발령이 유명했던 이유이기도 하지. 중요한 유래들만 들어 볼래? 신라의 왕자가 이곳에

정선이 1747년에 그린 〈단발령망금강〉이야. 1711년에 그린 그림과 비교해 보는 것도 재미있겠지?

고려 태조 왕건이 절하는 모습이야.

왕건에 얽힌 단발령 이야기를 담고 있는 나무판이야.

와서 금강산을 바라보며 머리를 깎고 스님이 되었다는 이야기가 가장 오래된 이야기야. 고려를 세운 왕건이 단발령에 올라 머리카락을 잘라 다짐을 굳혔다는 이야기도 있어. 왕건은 그 후 금강산에 다시 가서 절을 올리고 고려 왕조가 영원히 굳건하기를 간절히 기도했다지. 왕건이 금강산에서 절하는 모습은 고려 시대 나무판에 그려져 지금까지 전하고 있단다. 이 작은 나무판은 국보로 지정되어 있어. 고려 시대 왕실은 불교를 믿었으니, 왕건은 금강산의 영험한 불력이 나라를 지켜 줄 거라 생각했을 거야. 이 나무판 그림에 금강산을 배경으로 부처님과 보살상이 크게 그려져 있는 이유야.

조선 시대 수양대군은 단종을 쫓아내고 왕위에 올라 세조가 된 뒤에 단발령을 지나가다 금강산을 보는 순간 머리를 깎고 스님이 되려고 하는 걸 신하들이 말렸다고 하는 이야기가 전한단다.

말하자면 단발령은 신라에서 조선에 이르기까지 역대 유명한 왕들이 시도한 단발의 전설이 서려 있는 곳이지. 조선 후기 금강산 선비들은 단

이인문도 〈단발령망금강〉을 그렸어.

민화로 전해지는 금강산 그림이야.

발령에 올라 금강산을 바라보고 이렇게 읊곤 했어.

"누군가 이곳에 와 미치도록 좋아하여 머리를 깎고, 날아가듯 이 세상을 떠났으리."

시에서 읊은 '누군가'가 누구냐고 따질 필요는 없단다. 시인 자신의 기분일 수도 있었을 테니까.

정선의 〈단발령망금강〉이 발휘한 인기와 영향력은 놀라웠어. 이후 여러 화가들의 그림에서 찾아볼 수 있거든. 심지어 금강산을 그린 민화 중에도 정선의 〈단발령망금강〉의 구도를 발견할 수 있지.

금강산에서 만나는 무서운 사자

조선 시대 선비 정철(1536~1593)이 지은 「관동별곡(關東別曲)」이란 노래를 들어 봤지? 정철은 정선보다 150여 년 이전에 활동한 선비였지. 그에게 금강산을 다녀올 특별한 기회가 있었단다. 이때 정철은 아주 흥겨운 우리말 노래를 지었단다. 그것이 「관동별곡」이야. 이 노래는 국문학사에서도 명작으로 꼽히고 있지. 뿐만 아니라 우리나라 선비들이 오래도록 따라 부른 인기 가요였어. 이 노래에서 다음의 한 구절은 특히 유명했지.

"들으니 우레러니, 보니난 눈이로다!"

이 구절은 무엇을 말하는 것일까? 멀리서 들을 때는 천둥이 치는 줄 알았는데, 가까이 가서 보니 눈이 내리고 있더라니. 여기저기 콸콸 귀청이 떨어지도록 쏟아지는 폭포수에서 부서지는 물방울이 눈꽃처럼 하얗게 번지는 곳, 곧 금강산의 절경 '만폭동'을 말한 것이란다. 금강산의 일만이천 봉에서 만 줄기쯤 되는 물줄기가 흘러 모인다고 해. 이름이 만폭동이지. '만 개의 폭포'란 뜻이야. 이름만 들어도 기대되는 경치 아니니? 18세기 초에 금강산으로 유람을 떠나는 학자들은 정철의 가사를 웅얼웅얼 외우다가 만폭동에 들어서면 이렇게 읊조렸어.

"들을 적에 우레러니 보니난 눈이라더니, 정철의 노래 가사가 진실로 그러하구나!"

만폭동 중심에는 백여 명이 앉을 수 있을 정도로 커다랗고 평평한 너럭바위가 있단다. 이 바위에 서면 물안개와 물소리가 시원스러워 점잖은 학자라도 흠칫 흥겨움에 저도 모르게 소리를 지르고 박수를 치곤 했다지.

그런데 이러한 광경을 어떻게 그림으로 그려 낼 수 있을까? 정선의 작품들 중 눈에 띄는 두 폭의 〈만폭동〉이 그 결과를 보여 주고 있단다. 정선의 붓질을 보렴. 빠른 붓질로 그린 바위와 소나무가 비스듬히 기울었고, 휘휘 빠른 S자 곡선으로 그린 물줄기들은 고일 틈도 없이 출렁출렁 흘러가지. 정선의 붓질을 보노라면 흥겨운 기분이 저절로 느껴지지? 선비들은 만폭동에서의 신났던 기분을 정선의 화폭에서 만나 볼 수 있었을 것 같아.

이제 바위 위에 선 선비들을 좀 보자. 여전히 너른 갓에 도포를 입은

정선이 그린 두 폭의 〈만폭동〉 그림이야. 왼쪽은 서울대 박물관에서, 오른쪽은 간송 미술관에서 보관하고 있지.

선비들이 바위 위에서 서성이고 있구나. 이곳까지 간 한양의 선비들은 종종 시간이 가는 줄 모르고 바위에 머물곤 했다지. 왜냐고? 바로 너럭바위에 새겨진 수백 자의 글자 때문이야. 명필가 양사언(1517~1584) 선생의 커다란 초서는 그중에서 가장 유명했어. 김창협은 손톱으로 바위를 긁어 가며 묻혀 버린 글자들을 찾아 읽느라 날이 어둡도록 바위에 앉아 있었다고 기록했지. 만폭동 너럭바위에는 학자들의 오랜 시간이 겹겹이 쌓여 있었던 거야. 수년 전의 여행객이 찍어 온 만폭동 너럭바위의 사진을 보면 바위 위의 틈 없이 수많은 글자들을 확인할 수 있어.

만폭동에서 또한 유명한 것이 갖가지 동물 모양의 바위들이었단다. 그중에서도 사자바위가 최고였지. 정선의 〈만폭동〉 그림들 중 간송미술관 소장본을 보면, 왼편 위쪽에 웅크리고 앉은 듯 몽실몽실 그려진 바위가 보일 거야. 마치 강아지가 쪼그리고 앉아 졸고 있는 모습 같기도 한데, 그게 사자바위란다. 그런데 조선 시대 선비들이 사자를 어떻게 알았느냐고? 하하, 정말 날카로운 질문이야. 당연히 선비들은 사자를 몰랐어. 우리가 아는 아프리카 초원의 날렵한 사자를 텔레비전이 없던 조선 시대 선비들이 보았을 턱이 없으니까. 조선 시대에 사자라고 불린 동물은 곱슬곱슬한 털이 수북하고 덩치가 커다란 '당사자'였어. 당사자는 당나라 사자, 즉 중국 사자란 뜻이야. 조선에서 사자는 상상의 동물 중 하나였지. 그래서 사자바위의 형상을 뭉실뭉실 구름처럼 그린 거야.

사자바위 모습이야.

김창흡은 「사자암」이란 시도 지었는데, 그 시절 대시인의 시가 마치 동물원에 처음 간 어린이의 동시와 다를 바가 별로 없단다.

사자가 웅크리고 있으니 아주 무서워!
위엄과 신기한 능력도 대단하겠지.
낮게 드리운 매 바위는 날갯짓하고
조용한 데 붉은 용이 으르렁거리네.

사자바위 옆에는 매처럼 생긴 바위도 보이고 용처럼 생긴 바위도 보였나 봐. 김창흡의 형이자 조선의 대학자였던 김창협도 동물 바위 앞에서는 어린의의 마음이 되었던 것 같아.

동쪽 절벽에는 매들이 날아오르고,
북쪽 절벽에는 사자가 웅크렸네.
서쪽 절벽에 향로가 놓여 있어,
우뚝우뚝 솟아 서로를 부축하고 있구나.

위 시의 제목은 「벽하담(碧霞潭)」이야. 만폭동으로 떨어지는 많은 폭포 줄기들 아래로는 돌이 파이고 물이 고이면서 작은 못이 만들어졌지. 유명한 못의 이름만 해도 열 곳이 넘는단다. 모두 선비들이 이름을 붙여 줬지. 그래서 당시의 글을 보면 다양한 못 이름을 만나 볼 수 있어. 만폭동의 못들 가운데 가장 유명한 못이 '벽하담'이었어. '푸른 노을 못'이란

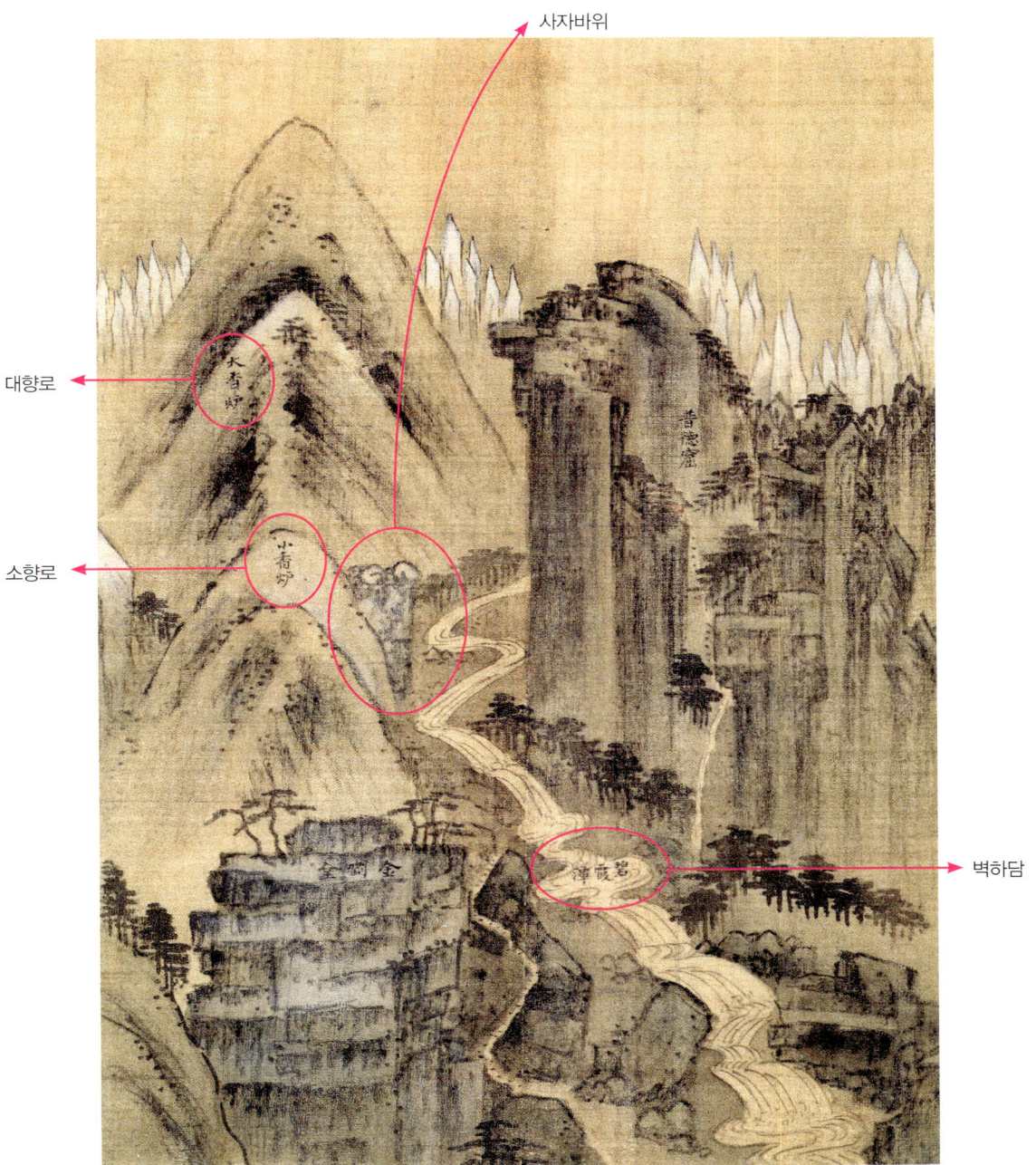

정선이 1711년에 그린 벽하담이야.

유명한 봉우리와 가 볼 만한 사찰의 이름이 선명하게 적혀 있지?

사자바위는 두 화살표가 만나는 곳에 있단다.

뜻이야. 물색이 정말 푸른 노을빛이었는지는 모르지만 운치가 넘치는 이름이지? 김창협은 만폭동 벽하담을 둘러보면서 매처럼 생긴 바위, 사자처럼 생긴 바위, 향로처럼 생긴 바위들을 만났던 거지. 정선의 〈만폭동〉 그림 속 사자바위가 그려진 것을 볼 수 있어. 문인들이 사자바위를 좋아하니 그림에 빠뜨릴 수 없었던 것 아닐까? 우리도 어서 빨리 만폭동 너럭바위를 찾아가서 동물 바위들을 둘러보면 좋겠지? 만폭동의 사자바위는 정말로 그렇게 무섭게 생겼을까?

정선이 1711년 신묘년에 그린 《풍악도첩》 중에 〈벽하담〉이란 제목의 그림이 있단다. 화면 중앙의 웅덩이에 '벽하담'이라 적혀 있는 것이 보일 거야. 그 왼쪽의 두 봉우리는 '대향로'와 '소향로'라 불렀단다. 김창협이 지은 시구 중 서쪽 절벽에 놓인 향로라 읊은 것은 '소향로'를 말하는 거야. 소향로 뒤로 뭉게구름처럼 그려져 있는 것이 바로 '사자바위'란다. 화가가 하얗게 호분을 칠한 것은 사자바위를 잘 보이도록 배려한 뜻이겠지.

이쯤에서는 정선이 금강산의 멋진 사찰, 멋진 봉우리를 한 폭 한 폭 그려서 금강산을 보여 주었다는 것을 누구라도 이해하고 있을 거야. 그렇다면 금강산의 멋진 곳들을 모두 모아 한꺼번에 보여 주는 그림은 없었을까? 정선이 그린 〈금강전도〉가 그것이야. 정선의 〈금강전도〉는 현재 전하는 것만도 10여 폭에 이를 정도로 거듭 그려졌지. 그중에서 가장 초기작은 1711년의 《풍악도첩》 속 한 폭이고, 그중에 가장 훌륭한 작품은 1730년대에 제작된 커다란 〈금강전도〉야. 이 두 작

품을 나란히 펼쳐볼까?

두 그림은 아주 달라 보이지만 하얀 바위산 봉우리와 푸른 흙산을 대비시킨 구도가 동일하지. 《풍악도첩》의 〈금강내산총도〉를 먼저 볼까? 정선이 금강산을 처음 둘러보고 봉우리 이름과 사찰 이름을 꼼꼼하게 적어 그린 것이 보이지? 이를 기반으로 훗날의 대작 〈금강전도〉가 그려진 것을 알 수 있지.

커다란 화폭의 〈금강전도〉는 정선의 걸작 중의 하나로 손에 꼽히는 그림이란다. 금강산이 마치 푸른 바다 위에 있는 양, 혹은 하얀 구름 위에 떠 있는 양 신비로운 분위기를 보여 주고, 봉우리들은 오목렌즈를 들이대고 그린 양 둥글게 휘도록 그려 넣어 금강산 전체를 원형 속에 담아냈지. 사진으로는 만날 수 없는 동그란 금강산, 더욱 수려한 금강산이 되었어.

몽실몽실 사자바위를 찾을 수 있겠니?

이 커다란 〈금강전도〉 속에서도 사자바위를 찾을 수 있을까? 우선, 화면 중앙의 만폭동을 먼저 찾아가렴. 그다음 만폭동 주변 향로봉들 사이에 웅크리고 앉아 있는 뭉실뭉실 털이 많은 사자 모양 바위를 찾아야 해. 옛 선비들도 지금 우리가 사자바위를 찾듯이 바위를 찾고 손으로 가리키며 즐거워했겠지?

동해안에 선 문짝바위, 문암

'문암(門巖)'이란 말 그대로 문처럼 생긴 바위란 뜻이야. 그 당시 "두 개의 돌 문짝이 깎아지른 듯 서 있다."라

그림 속 붉은 해를 보렴.
당시 선비들은 문암에
가면 일출을 보아야
된다고 생각했지.

*고성문암관일출
고성의 문암에서 일출을
바라보다.

고 표현하던 문암은 강원도의 북쪽 고성(高城)의 해안가에 있단다. 이곳도 지금은 휴전선 위쪽에 있어 우리가 가 보기 어려운 북한 땅이란다. 우리는 이제 정선이 그려 놓은 그림 속 문암으로 떠나 보자.

문암은 해안가라 그곳에서의 해돋이 구경이 일품이었다고 해. 그래서인지 정선이 1711년에 그린 문암은 그림 제목도 〈고성문암관일출*〉이야. 그림을 보렴. 한눈에 들어오는 빨간 해는 지금 떠오르는 태양이야. 정선은 동해안의 수평선 저 동쪽 수면 위 동그란 태양을 빨갛게 칠하고, 그 주변은 엷은 붉은색으로 물들였지. 정선과 동행한 시인들은 붉은 기운이 바다로 번지면서 둥근 해가 솟아 나오는 장면을 실감 나게 읊었고, 정선은 태양 주변의 붉은 기운을 정성스럽게 표현했어.

바위 위에 앉은 선비들을 찾아볼까? 작게 그렸지만 옷에 하얀 호분을 칠해서 선명하게 보이지? 사실, 정선의 금강산 그림 속 주인공은 언제나 유람하는 선비들이란다. 그 시절 어렵사리 동해안까지 유람을 갔으니 문암의 일출을 놓칠 수 없었지. 하룻밤을 그곳에서 묵고, 잠은 자는 둥 마는 둥 어두운 새벽에 서둘러 문암 아래로 모여들었을 선비들의 모습을 상상해 봐. 아이들처럼 떠들면서 서로의 발길을 재촉했을 거야. 그 새벽의 추억과 감동을 생생하게 전달해 주는 그림이 정선의 《풍악도첩》에 있는 〈고성문암관일출〉이었지. 문암의 일출을 평생 보지 못한 선비들은 이 그림을 펼쳐 놓고 그림 속 주인공이 되어 동해안 일출을 감상할 수 있었겠지?

1747년의 《해악전신첩》에도 〈문암관일출〉이란 제목의 그림이 수록되어 있단다. 금강산 화첩에 의례건 포함되는 화면이었지. 이 그림 속 정선의 필치는 1711년에 그린 그림과 비교도 할 수 없이 빨라졌지? 바위와 나무를 스쳐가는 정선의 붓질을 보렴. 쓰으 쓱, 툭, 툭, 툭, 툭. 경쾌하기 이를 데가 없지? 문암의 바위도 둥글둥글 몇 개의 덩어리로 보여 주는 점이 1711년에 그린 그림과 다르지. 그렇지만 붉은 태양은 작지만 동그랗게 정성껏 그렸어. 이 그림의 주제가 태양이라 정선은 잠시 숨을 고르고 붓의 속도를 늦추었을 거야. 태양 주변의 하늘에 물들인 붉은색은 주홍빛 같

그림 속 바위들과 선비들이 다 함께 일출을 바라보느라 숨을 죽인 순간이야.

기도 하고 분홍빛 같기도 한데, 거기에 하늘 색이 어우러져서 연보랏빛이 아롱지지. 아름다운 순간의 색조로 표현된 일출이 환상 같구나!

아, 이 그림을 덮기 전에 이 그림 속에 한 가지 비밀이 있는데 알려 줄게. 그림의 왼쪽 위를 보렴. 바위들이 사람처럼 해 구경을 하고 있지? 정선은 여러 가지 재미있는 형상의 바위들을 그리는 데 아주 익숙했어. 바위들이 함께 일출을 구경했노라고 어느 문인이 시로 읊은 것이 흥미로웠다면, 정선은 이렇게 해 구경하는 바위를 그려서 그 문인의 즐거운 기억을 도와주었지. 여러 친구들과 어느 한 장소를 기억하며 그림으로 그려 보면, 모두의 그림이 제각각인 것을 알 수 있을 거야. 다르게 그리게 된 이유는 기억하고 즐기는 방법이 제각기 달랐기 때문이 아닐까? 그런데 더욱 중요한 사실은, 정선의 금강산 그림이 유행하면서 문인들의 금강산 기억에 어떤 종류의 틀이 형성되었다는 점이지. 정선이 제공한 그림들과 함께 금강산에 가면 어디에서 어디를 어떻게 바라보아야 한다는 규칙 같은 것이 형성되었다는 뜻이야. 예컨대 금강산 여행자들은 고성에 가면 문암을 가고, 문암은 해 뜰 때 가야 한다고 생각했다는 거야.

《겸재화》라 전하는 또 다른 작은 화첩에도 〈고성문암〉이 들어 있으니, 펼쳐 볼까? 이 그림은 작지만, 그 속의 붓질은 더욱 빠르지? 정선이 크고 작은 화폭에다 문안의 해 뜨는 장면을 아주 많이 그렸던 당시의 상황을 알려 주는 그림이야. 정선이 문암의 일출 장면을 그리고 또 그린 이유는 이 장면을 보고 싶어 하는 사람들이 많아서였겠지. 누군가 비단이나 종이를 들고 와서 "저에게 고성 문암 해 뜨는 장면을 그려 주시죠."라고 요청하면 정선은 단숨에 그릴 수 있었을 거야.

정선의 금강산 그림이 선비들에게 인기를 누린 이유는 정선만이 보여 주는 시원스러운 붓질이었지. 빠른 붓질이 능숙해질 때까지 정선은 붓이 언덕을 이룰 만큼 많이 그렸다고 해. 무슨 말이냐고? 붓털이 다 닳도록 연습하고 버린 붓이 언덕이 될 만큼 많았다는 말이야. 그리고 정선은 선비들의 시문도 꼼꼼히 읽고 이해했지. 그래서 선비들이 생각하는 장소의 특성을 정확히 표현하는 놀라운 재주를 발휘할 수 있었던 거야. 정선은 금강산이라는 진경을 그리면서도 그곳을 사진 찍듯이 그리지 않았어. 각 명소의 특성에 대한 선비들의 기억을 강조하려고 노력했어. 정선의 진경 산수화가 펼쳐지면, 그 당시 선비들은 눈을 동그랗게 뜨고 아주 기뻐했다는 기록이 여기저기에 전한단다. 정선이 누린 인기는 나이가 들어서도 변함이 없었어. 한양에는 정선의 그림을 가진 선비들이 적지 않았고, 정선에게 그림을 요청하는 선비들은 점점 많아졌거든.

정선은 백발이 성성한 여든 살 노인이 되어서도 그림 요청이 밀려들어 방 한편에 비단과 종이가 수북하게 쌓이게 되면, 한밤에도 촛불을 켜 놓고 안경을 걸친 채 그림을 그렸다는 기록이 전한단다. 게다가 여든 살 노장의 붓질에 터럭의 틀림도 없었다고 하니, 참으로 놀랍지?

《겸재화》 속 문암 그림은 다른 문암 그림에 비해 한결 작은 그림이야.
이 그림의 붓질은 더욱 빨랐어.

미술놀이
3-1. 관찰하여 나무 그리기

준비물
한지, 먹물, 붓, 물통

정선이 그린 금강산은 바위도 봉우리도 그 느낌이 그대로 살아 있기 때문에 실제로 보고 싶어져. 생생한 느낌을 그대로 전달하기 위해서는 그리는 대상을 꼼꼼하게 관찰하는 것부터 시작해야 해. 우리 주변에서 많이 볼 수 있는 나무를 잘 관찰해서 수묵화로 그려 보자.

먹의 농담이 무엇인지 이 책의 앞부분에서 알아보았으니, 농묵과 담묵을 구별해서 다양한 농담 표현을 해 보는 거야. 먼저 나무의 기둥과 가지를 그릴 때에는 잎들에 가려서 보이지 않는 부분은 그리지 않아도 돼. 그림 중간에 가지가 끊겼다가 다시 나타나는 부분이 생기겠지?

나뭇잎들은 하나씩 모양을 그리는 것보다는 잎을 붓끝으로 점처럼 찍으면 쉽게 표현할 수 있을 거야. 어느 가지에 잎이 많은지 계속 나무를 관찰하면서 그려야 해.

같은 나무더라도 계절에 따라서 달라 보이지. 어떤 계절의 나무를 그리고 있니? 그림 속의 나무는 어느 계절의 나무일까?

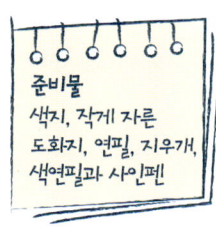

준비물
색지, 작게 자른 도화지, 연필, 지우개, 색연필과 사인펜

3-2. 여행 화첩 만들기

우리는 여행을 다녀온 뒤에 사진이나 일기를 통해서 다시 추억하게 돼. 정선이 살던 때에는 카메라가 없었으니, 금강산을 다녀온 선비들은 정선의 그림을 통해서 그곳을 생생하게 떠올렸을 거야. 직접 그림을 그렸던 정선은 더 잘 기억하고 있었겠지?

하나하나 관찰하고 그림으로 남기게 되면 여행에서의 기억을 사진보다 더 생생하게 오래 간직할 수 있어. 오래오래 추억하고 싶은 여행이 있니? 떠나는 날부터 돌아오는 날까지 순서대로 가장 좋았던 순간들을 그리고, 그때의 느낌도 간단하게 적어 보자. 나만의 여행기에 특별한 제목도 붙여 주는 거야.

색지를 가로로 길게 부채처럼 접은 뒤에 가장 바깥쪽의 페이지는 제목으로 꾸미고, 안쪽에 작게 자른 종이를 하나씩 붙여서 여행에서 기억에 남는 순간들을 그리면 여행 화첩이 완성된단다.

4장

진경산수화의 대가

■ 수록 작품

정선 〈경복궁〉 1754년, 비단에 담채, 16.7×18.1cm, 고려대학교박물관 (78쪽)
정선 《경교명승첩》 중 〈은암동록〉 1741년, 종이에 담채, 29.8×31.0cm, 간송미술관 (81쪽)
정선 〈압구정〉 1741년, 비단에 채색, 31×20cm, 간송미술관 (83쪽)
〈박연폭포〉 ⓒ 오용웅 (88쪽)
정선 〈박연폭포〉 1750년대, 종이에 수묵, 52×119.5cm, 개인 소장 (89쪽, 왼쪽)
정선 〈박연폭포〉 비단에 담채, 35.8×98.2cm, 간송미술관 (89쪽, 오른쪽)
강세황 《송도기행첩》 중 〈박연폭포〉 1757년경, 종이에 수묵담채, 53.4×32.8cm, 국립중앙박물관 (90쪽)
전 안견 《사시팔경》 중 〈초동〉 15세기, 비단에 담채, 35.2×28.5cm, 국립중앙박물관 (92쪽, 왼쪽)
작가 미상 《소상팔경》 중 〈평사낙안〉 1539년 이전, 종이에 수묵, 일본 이츠쿠시마 다이간지 (92쪽, 오른쪽)
정선 〈인왕제색〉 1751년, 종이에 수묵담채, 138.2.×79.2cm, 리움미술관 (94~95쪽)
정선 〈인곡유거〉 1751년, 종이에 담채, 27.4×27.4cm, 간송미술관 (98쪽)
폴 세잔 〈생트 빅투아르 산〉 1898~1900년, 캔버스에 유화, 99×78cm, 상트페테르부르크 에르미타주 박물관 (99쪽, 왼쪽 위)
폴 세잔 〈생트 빅투아르 산〉 1902~1906년, 캔버스에 유화, 81.6×63.8cm, 캔자스시티 넬슨–앳킨스 미술관 (99쪽, 오른쪽 위)
폴 세잔 〈로브에서 바라본 생트 빅투아르 산〉 1904~1906년, 캔버스에 유화, 72×60cm, 바젤 미술관 (99쪽, 왼쪽 아래)
폴 세잔 〈생트 빅투아르 산〉 1890~1894년, 캔버스에 유화, 65×55cm, 에든버러 스코틀랜드 국립미술관 (99쪽, 오른쪽 아래)
정선 〈송파진〉 비단에 담채, 31.5×20.3cm, 간송미술관 (101쪽)

선비들이 정선에게 요구했던 그림은 유람으로 찾아갔던 빼어난 경치뿐 아니라 그들이 머물거나 거닐었던 도시의 풍경도 많았단다. 그려 달라 요청했단다. 우리가 가장 처음 펼쳤던 〈인왕제색〉이며 〈청풍계〉 등과 같은 한양의 산을 정선이 그리게 된 사연이 이것이야. 그래서 정선의 진경산수화는 그 당시 선비들이 노닐었던 절경의 산수와 선비들이 머물며 거주했던 도시의 풍경을 모두 포함하게 되었던 거야.

소나무 우거진 경복궁 터

정선은 서울 인왕산과 북악산 아래서 화가 정선은 태어나서 자랐어. 정선이 검게 칠해 그린 인왕산 바위도 기억할 거야. 그것은 정선이 늘그막에 그린 그림이었지. 정선은 벼슬살이를 하러 지방에 머물기도 했지만 서울의 인왕산 자락은 그의 고향이며 그의 벗과 후원자가 머무는 곳이었단다. 그래서 정선이 그린 그림들 중에는 한양의 인왕산 언저리를 그린 그림이 아주 많지.

작은 그림 〈경복궁(景福宮)〉에서 정선의 한양 그림 이야기를 시작해 볼까 해. 이 한 폭의 그림은 그 시절 한양의 역사와 분위기를 이해하는 데에 도움이 크기 때문이야. 경복궁은 조선의 최고 궁궐로, 조선이 건국된 직후 건립되었지만 끔찍한 전쟁이었던 임진왜란을 맞으면서 불에 타고 무너졌지. 그 후 백 년이 넘도록 경복궁은 허물어진 상태로 버티고 있었단다. 2장에서 보았던 〈도성대지도〉로 돌아가 보렴. 나무가 무성하게 우거진 경복궁 터가 다시 보일 거야. 그런데 오랜 세월 속에서 경북궁의 터는 한양의 선비들이 사색하며 거닐기에 좋은 공원과 같이 변하고 있었어.

양반들은 전쟁으로 허물어진 경복궁 터에서 노닐며 사색을 즐겼어.

*유경복궁(遊景福宮)
경복궁을 노닐다.

조선 후기 학자들의 문집을 들추어 보면, '유경복궁*'이란 시문을 종종 만날 수 있단다. 그중 정선과 같은 시대를 살았던 이하곤(1677~1724)이라는 학자가 쓴 시를 읽어 보자. 정선과 금강산을 올랐던 시인 이병연, 장동 김씨 집안의 김시좌, 김시민 등의 여러 선비들이 갓을 맞대며 경복궁을 노닐고 난 소감이란다.

> 경회루 다리 아래 풀이 서로 엉겨 있고,
> 소나무 숲 깊으니 종일 앉아 돌아갈 일 잊었다네.
> 술잔 들어 봄바람과 즐기노니,
> 속된 세상 한가로움을 우리처럼 누리기는 드물겠지.
> 연못의 물 그윽한 데에 하얀 백로 한 쌍이 오락가락
> 건물들은 아득히 멀고 꽃잎들이 흩날리네.
> 인생 젊어서는 즐겁게 놀아 봐야 하니
> 우리의 이 모음을 해마다 거르지 맙시다.
>
> — 이하곤, 『두타초』 제3책

〈경복궁〉에는 정선 특유의 힘차고 빠른 필치로 그려진 숲이 무성하지? 그럼 숲 아래 왼편으로 즐비한 기둥은 무엇일까? 그것은 경회루(慶會樓)의 기둥이란다. 경복궁의 거대한 누각 경회루를 꼭 가 보길 바라. 조선 시대 내내 버틴 경회루의 돌기둥들이 다시 보일 테니. 당시 경회루의 누각은 무너지고 기둥만 남아 있었던 거야. 흰 물새들이 그 앞 연못으로 날아들었던 모양이야. 화면 하단에는 커다란 세 개의 기둥이 있지? 풀이 소복하게 자란 이 기둥은 무엇일까? 그것은 광화문이란다. 오늘날 광화문 위로는 지붕이 번듯하고 해태 석상 한 쌍도 의연하지. 광화문 해태상은 이 그림이 그려지고 150년이 지나서 고종의 명령으로 세워졌단다. 우

리는 정선의 〈경복궁〉 한 폭을 펼쳐 놓고, 수백 년 역사를 생각했단다. 조선이 서면서 경복궁이 서고, 전쟁으로 무너지고 버티다가 재건된 수백 년의 역사를 말이야.

대은암 골짜기에서 바라보는 경복궁 이제 북악산 자락 쪽으로 조금 옮겨가 볼까? '대은암(大隱岩)'이라는 한양의 유명한 골짜기를 찾아가기 위해서란다. 대은암은 오늘날 청와대 뒤편의 기슭이라 우리는 들어가기 몹시 어려운 곳이 되었지만, 조선 시대 선비들은 '장안의 최고 경치'라고 부르며 구경 가고 집도 짓곤 했지.
'대은암'이 무슨 뜻인지 궁금하지? 한자를 풀어 보면, 큰 은자의 바위라는 뜻이야. 은자는 자연 속에 숨어 사는 사람을 말하지. 한양의 한복판에 은자의 바위라니 이상하게 들리지? 이 이름에 관련된 재미있는 일화가 전하고 있기 때문이야.

정선의 그림 중에는 '대은암'이라 적혀 있는 게 여럿 있어. 그중에 가장 볼만한 작품은 대은암의 동쪽 기슭을 그린 〈은암동록(隱巖東麓)〉이란다. 오늘날의 관점으로 설명하자면, 그 그림은 청와대 본관의 서쪽 지점에서 남쪽을 바라보며 그린 것이야. 화면의 저 끝 높이 솟은 건물이 숭례문, 즉 남대문이란다. 아주 멀리 작고 희미하게 그려져 있지만 또렷하게 솟은 모습이지. 화면 중앙에는 정선 특유의 필치로 그려 낸 짙푸른 전나무가 있고, 전나무 숲 아래로는 긴 담장이 있지. 간혹 무너져 내렸고 면면하게 이어지는 저 담장은 경복궁 북쪽의 담장이란다. 앞에서 본 〈경복궁〉이 경

경복궁 담 안으로 무성한 전나무 숲. 그 숲에 날아든 흰 새들.
구경하는 선비들의 검고 둥근 갓을 하나하나 찾아보렴.

복궁을 남쪽에서 바라본 광경이었다면, 이 그림은 그 뒤편, 즉 북쪽에서 〈경복궁〉의 숲을 바라보고 있는 거야. 우리는 정선의 그림들 덕분에 그 시절 허물어진 경복궁 터를 둘러보고 있는 거야.

경복궁 안 전나무 숲에 하얀 새가 가득해. 나뭇잎들 사이로 날기도 하고 옹기종기 앉아 있는 것이 보이지? 무슨 새일까? 경복궁에서 노닐던 선비들이 보았던 경회루 못가의 백로일까? 어느 날 대은암 동쪽을 거닐던 선비들은 그때 바라본 풍경을 정선에게 그려 달라 요청했을 거야. 인왕산과 북악산 일대를 샅샅이 누비며 성장한 화가 정선은 이 동네 이곳저곳을 척척 그려서 선비들의 요구에 부응했고, 선비들은 정선의 그림에 만족했겠지.

> **Tip** '대은암' 이름에 얽힌 일화
>
> 조선 시대에 남곤(1471~1527)이란 학자가 살았는데, 그의 친구 박은(1479~1504)은 유명한 시인이었다. 박은은 남곤을 만나러 그의 집에 놀러 가곤 했는데, 남곤이 영의정이 되어서는 국가의 정무가 너무 바빠서 집에 있질 않으니 도무지 만날 수가 없었다. 하루는 박은이 남곤을 기다리다 집 뒤에 있는 바위로 가서 큰 글씨로 '대은암'이라 적어 놓고 돌아갔다. 유명한 중국의 시에 산속의 은자를 찾아갔더니 은자는 구름 속으로 약초를 캐러 다니기에 만날 수 없었다는 내용이 있었는데, 박은이 이에 빗대어 적어 넣은 말이었다. 사실 남곤은 깊은 구름 속으로 간 것이 아니라 왕실로 일을 하러 갔었지만, 남곤의 집은 풍경이 좋으니 은자의 집 같다고, 혹은 남곤의 인격은 은자와 같다고 해서, '대은암'이라 적어 넣었던 것일 터이다. 시인 박은의 재치를 엿볼 수 있는 일화이다. 남곤과 박은은 16세기 초에 활동했던 학자들이었지만, 대은암의 일화가 유명해서 이 동네의 이름이 되었다. 그로부터 200년 후에도 한양의 선비들은 이곳을 '대은암동'이라 불렀다.

압구정 금빛 모래 오늘날 서울 강남구 압구정동은 아파트와 고급 상가가 들어찬 번화가가 되어 있지만, 조선 후기 그곳은 한양의 사대문 밖 강가에 자리한 한적하고 풍경 좋은 곳이었단다. '압구정(鴨鷗亭)'이라는 정자가 있는 한강 일대는 특별하게 '동호(東湖)'라 불리는 곳이었어. 조선 시대 한양에서 가장 경치가 좋은 곳은 '동호'와 '서호(西湖)'였다고 하지. 서호는 지금의 마포 일대야. '동호'의 경치를 즐기려면 남산 기슭에서 좀 더 내려와 한강변에 이르러 배를 기다려 타고 압구정까지 노를 저어 건너가야 했어. 오늘날에는 동호대교 위로 자동차들이 쌩쌩 질주하고 있

지금의 압구정과는 전혀 다른 모습이야.

으니 상상하기 어려울 거야. 그러니, 정선의 그림이 참으로 고맙지?

정선이 그린 〈압구정〉은 그 당시 동호와 압구정의 풍경을 보여 주는데 붓질은 몹시 잔잔하고 섬세하며, 밝은 연두색과 고운 황색이 정성스럽게 베풀어져, 이 자그마한 그림에 아주 고운 동호 풍경이 펼쳐져 있구나.

그런데 '압구정'이라는 이름은 무슨 뜻일까? '압구(鴨鷗)'란 '갈매기와 친하다'라는 뜻이야. 갈매기는 원래 사람 곁에 오지 않는 물새야. 누구도 갈매기와 친해지긴 어렵지. 그런데 옛날 한 남자가 매일 바닷가에 나가 갈매기와 친밀하게 놀았다는 이야기가 『열자』라는 중국 고전에 실려 있어. 그 남자의 아버지는 아들이 특이하게 갈매기와 친한 것을 알고 갈매기 고기를 먹어 보고 싶다고 말했단다. 아들은 아버지의 요청을 받고 그 다음 날 바다로 나가면서 갈매기 한 마리를 잡아 올 생각을 했대. 그런데 신기하게도 바로 그날부터 갈매기는 단 한 마리도 그 남자의 곁에 오지 않았다고 하지. 그리하여 '갈매기와 친하다'라는 말은 욕심이 없는 마음을 말한단다. 사람이 계획을 세우고 욕심을 부리는 순간 '압구'의 멋진 경치를 잃게 된다는 이야기야.

그러면 조선 시대 압구정의 주인은 그렇게 착하고 욕심 없는 마음의 소유자였을까? 답은 "전혀 아닙니다."야. 압구정의 주인이었던 한명회(1415~1487)는 악명이 높은 사람이란다. 과거에는 실패했지만 수양대군이 문종을 몰아내고 정권 교체를 주도할 때 채용되어, 몹시 험하고 간교한 일들을 도맡아 처리해서 수양대군의 신임을 얻었지. 수양대군이 왕, 즉 세조가 되자 한명회는 승승장구하여 영의정까지 올랐고, 그의 두 딸은 왕후가 되었어. 한명회의 오만 방자함은 왕실의 문제가 되기도 했단다. 그래서 사람들은 한명회를 비난하고 조롱하면서 압구정의 이름이 주인과 어울리지 않는다고 했지.

　압구정의 주인은 나빴지만 압구정의 풍경은 언제나 아름다웠어. 조선 후기 문인들에게 압구정이 사랑받은 이유란다. 압구정 아래 모래벌판은 반짝이는 금빛이었다고 해. 김창흡이 한강을 두루 돌아보다 압구정에 이르러서 이곳의 풍광에 탄복하였지.

　압구정 앞에서 뗏목을 띄워 노니,
　푸른 언덕과 습지에 빛이 화사하구나.

　김창흡이 바라본 화사한 압구정은 정선이 그린 〈압구정〉에 고스란히 담겨 있단다. 그림 속 한강 물에 유유히 떠가는 배 한 척이 마치 오늘날의 한강 유람선처럼 보일 수도 있겠지만, 이 배의 노 젓는 물소리 철썩이던 풍취하며 배에서 잡아 올려 즉시 회를 쳐서 먹었다는 민물고기 맛이 실로 오늘에는 그림 속 떡이구나. 정선이 그린 〈압구정〉을 다시 보며, 언덕에 베풀어진 황색 빛 옅은 녹색과 강변에 길게 뻗은 모래의 노란빛 선염에서 김창흡이 시로 읊은 푸른 언덕과 강변 습지로 햇빛이 쏟아지는 화사한 풍취를 느껴 보는 수밖에. 이렇게 한가로운 한강변 정취와 풍취를 보여 주려고, 정선은 오랜 세월 연마한 힘차고 빠른 붓질을 잊은 양 내려놓고 오직 잔잔하고 섬세한 붓질만을 택했던 것 아닐까?

　금강산 바위를 죽죽 내리긋던 화가가 이렇게 고운 필치로 그린 것이 의아하게 느껴질 것도 같아. 아마도 정선은 한강에 배를 띄우고 감상하던 느긋한 추억을 전달하기에 적절한 붓질을 택했던 것이겠지. 한강의 물가를 따라가며 그린 동작진, 송파진, 남양주의 미호 등을 그린 정선의 그림들은 한결같이 잔잔한 붓질 위에 녹음의 안료가 차분하게 베풀어져 있단다.

박연폭포의 전설과 명성 우리에게 '개성'이라 하면 뉴스에서 만났던 문제의 '개성공단'이 떠오를 거야. 그러나 조선 시대 한양의 선비들에게 '개성'이라 하면 무엇이 떠올랐을까? 여기서 힌트는 조선의 한양은 신도시였고, 고려의 개성은 옛 도시였다는 사실이야. 조선의 선비들에게 개성이란 곳은 문화 유적이 풍성하고 자연 풍경도 아름다운 도시였지. 개성은 비취 빛 고려청자로 지붕을 올리고 화려한 정원이 즐비했던 고려 귀족의 향취가 느껴지는 곳이었기에, 한양의 관리들은 틈이 나면 개성을 찾아가 역사의 흐름을 감탄하고 싶어 했지. 그러나 개성 방문이 쉬운 일은 아니었단다. 모처럼 개성을 찾아간 한양의 선비들이 반드시 들러서 보는 곳은 박연폭포(朴淵瀑布)였단다. 여러 가지 전설을 담고 쏟아져 내리는 폭포수를, 고려와 조선의 학자들이 모두 좋아했기 때문이야.

만약 조선 시대 내내 꾸준히 그려진 우리 풍경 하나를 지목하라 한다면, 그것은 '박연폭포'야. 지금은 전하지 않지만 〈박연폭포〉를 감상하였다는 시문이 조선 전기 문인 이승소(1422~1484), 김종직(1431~1492), 조선 중기의 학자 정두경(1597~1673)의 문집에 전한단다. 산수 유람을 즐기게 된 조선 후기 문사들이 개성의 박연폭포를 찾지 않을 수 없었겠지. 이에 화가 정선도 그들을 위하여 박연폭포를 거듭 그렸던 거야.

박연폭포는 슬픈 전설을 가지고 있는데, 정선이 그린 〈박연폭포〉에도 이 전설이 오묘하게 표현되었단다. 정선이 그린 박연폭포는 실제의 폭포와는 꽤 다르단다. 정선이 그린 폭포의 바위 언덕은 거대하고 물줄기는 단순하고 지나치게 길게 그려져 있어. 게다가 폭포 위아래 못에 각각 둥글고 검은 바위가 강조되어 새까맣게 그려져 있는데, 실제 박연폭포에는 없는 바위들이야. 그런데도 정선의 거작 〈박연폭포〉 두 폭에 모두 둥글고 검은 바위가 그려져 있지?

> **Tip 박연폭포에 얽힌 전설 이야기**
>
> 박연폭포 전설의 주인공은 글 읽는 도령 박씨이다. 박씨 서생이라 '박생(朴生)'이라 부른다. 어느 날 폭포 아래 못에 사는 용녀(龍女)*가 박생을 홀려서 물로 데리고 들어갔다. 박생의 어머니는 놀라서 아들을 찾아 못 속으로 들었는데, 홀로 못 물에 든 어머니는 물에 빠져서 나올 수 없었다. 나중에 물 밖으로 나온 박생이 어머니를 찾으러 다시 못에 들어갔다. 못에 사는 용녀의 사랑이 박생 모자를 모두 죽게 하였으니 어이없이 슬픈 이야기다. 박연폭포의 거무스름한 물색은 언제 봐도 신비롭기에, 박생의 전설은 고려에서 조선으로 건너오며 유지되었다. 폭포 아래의 못을 박생의 못이라 하여 '박생연(朴生淵)'이라 불렀고 이를 줄여서 '박연(朴淵)'이라 부르게 되었다.

*용녀
용왕의 딸.

정선이 장동 김씨 형제들의 요청으로 많은 그림을 그렸고, 그들의 기행 문학 내용을 읽고 문학적으로 묘사된 특성을 그림에 효과적으로 표현하여 크게 인기를 얻었던 정황을 염두에 두고 보면, 정선 그림 속 둥글고 검은 바위의 정체를 찾아낼 수 있단다. 우선 김창협이 박연폭포를 묘사한 글을 읽어 보면서 그 풍경을 상상해 보기 바라.

박연폭포의
실제 모습이야.

실제 박연폭포 사진과
정선의 〈박연폭포〉를 비교해 보렴.

*길
길이의 단위로 한 길은 지금의 2.4m(또는 3m)에 해당한다.

바위 벽 한 덩어리가 뭉쳐 기이하고 장엄한 바위 벽이 층차 없이 깎아질렸는데 높이는 서른 길*이었다. 절벽 위와 아래에 모두 못이 있었다. 위쪽 못에는 한가운데 둥근 돌이 불룩 솟아 마치 큰 거북이 못에 엎드려 등이 물 밖으로 드러난 것 같았다……. 아래쪽 못에는 그곳에 무언가 엎드려 있는 것처럼 검은색이었다.

김창협의 묘사를 실제의 박연폭포 사진과 비교해 봐. 정말 잘 표현했지? 폭포가 떨어지는 아래쪽 못을 보면 정말 그 부분이 아주 무섭도록 깊고 짙은 색이지? 저 깊숙한 곳에 용이든 구렁이든 살 것 같다는 느낌을 김창협은 표현한 거야.

강세황은 박연폭포를 실제와 가깝게 그리려고 했대.

그런데 만약에 박연폭포의 실제 경치를 보지 않고 김창협의 문학적 묘사만으로 박연폭포의 아래쪽 못을 상상한다면 어떻게 될까? 김창협이 말한 위쪽 못의 거무스름한 돌과 아래쪽 못의 거무스름한 색은, 글로만 읽을 때 아래위로 거무스름한 거북돌로 이해할 수도 있었겠지? 그래서 정선의 그림 속 위쪽 못과 아래쪽 못에 거북이 등짝 같은 검은 바위가 불쑥불쑥 솟아난 거야. 말하자면 박연폭포 아래쪽 못의 물속에 어리는 거무스름하고 무섭도록 신비한 빛은 박생의 전설이 되었고, 김창협에게 인상적 묘사를 하도록 만든 거지. 정선의 그림은 이렇게 그려졌어. 게다가 김창협이 묘사한 내용 중 한 덩이 바위 벽에 서른 길 폭포 물이 내려온다고 한 구절은 정선의 긴 화면에 수직의 긴 선을 한없이 길게 긋도록 했던 것 같아.

정선 이후의 문인이었던 강세황(1713~1791)이 그린 〈박연폭포〉를 비교해 봐. 강세황은 개성을 여행했고 좀 더 사실적으로 그리고자 노력했던 문인 화가야. 둘의 그림을 비교해 보면 정선의 〈박연폭포〉가 얼마나 특이한 화면이었는지 한눈에 알 수 있단다. 개경의 박연폭포란 그 절경으로 이미 명성이 자자했으니, 정선의 화면이 보여 주는 기이한 풍경이 오히려 박연폭포의 명성을 전하기에 더 좋았던 것도 같아.

진경산수화의 대표작 〈인왕제색〉 〈박연폭포〉와 함께 정선의 3대 명작으로 꼽히는 그림이 있어. 바로, 〈금강전도〉와 〈인왕제색〉이야. 〈금강전도〉는 앞에서 금강산 화가 정선을 이야기하면서 본 걸 기억하지?

안견이 그린 〈초동〉(왼쪽)이나 누가 그렸는지는 알 수 없지만 평평한 모래벌에 내려앉는 기러기를 그린 이 그림(오른쪽) 역시 조선의 학자들이 좋아했던 산수화야.

그럼 〈인왕제색〉은? 그래, 우리가 가장 처음에 검게 칠해진 바위 그림을 보며 잠깐 이야기했던 그 그림이야. 여기서는 3대 명작인 〈인왕제색〉에 대하여 조금 더 이야기해 보려고 해.

사실 우리나라 산수화의 역사를 살펴보면, 실제와 똑같이 그려 놓고 감상하기보다는 어느 곳인지 모르는 곳의 사계절 풍경을 운치 있게 그려서 보거나 갈 수 없는 곳의 풍경을 상상으로 그려 보며 즐기는 전통이 강했단다. 여름날에는 서늘한 가을 경치나 눈 쌓인 겨울 경치를 감상하고 싶은 마음이 들게 마련이고, 아름답다고 하는데 갈 수 없는 곳이 있다면 그림으로나마 보고 싶은 마음이 있었기 때문이었지. 지금도 사람들은 늘 보는 뒷산보다는 가기 어려운 외국의 어느 멋진 풍경을 컴퓨터 배경 화면에 설정해 놓기도 하고, 한여름 날 책상머리에 북극의 빙산 사진을 붙여 놓기도 하잖아. 조선 초기의 최고 화가 안견(15세기 활동)이 그렸다고 전해지는 〈초동*〉의 겨울밤 설경이나 〈만하*〉의 소나기가 빗발치는 밤 풍경, 또 중국의 두 강인 소상과 상강이 만나는 너른 호수 일대의 풍경 중 가을날 기러기가 내려앉는 모래벌을 그린 작품 등은 조선의 학자들이 특히 좋아했던 산수화들이었어.

휘몰아치는 비바람과 아득한 기러기 떼들의 계절 정취가 가득한 이러한 산수화의 멋이 운치 있지? 시적 감흥이 절로 일어나는 그림들이었단다.

그런데 정선은 이런 관념 산수가 판치던 때에 우리 고유의 미감을 담은 독자적 화풍인 '진경산수'를 개척해 회화사에 큰 자취를 남겼지. 그런데 '진경(眞景)'이 무슨 말이냐고? 그건 '진짜 경치', 즉 실재하는 경치를 뜻한단다. 눈앞에 보이는 풍경을 그린 산수화란 뜻이야. 우리가 본 〈인왕

*초동(初冬)
초겨울.

*만하(晚夏)
늦은 여름.

제색〉이 바로 진경산수화지.

〈인왕제색〉은 비 온 뒤 안개가 피어오르는 인왕산의 모습을 삼청동과

청운동 쪽에서 바라보고 그린 거야. 그런데 이 그림이 비 온 뒤에 그린 건지 어떻게 아냐고? 그림 제목인 〈인왕제색〉의 '제(霽)'가 바로 비가 개어

맑아진 것을 뜻한단다.

정선은 비 온 뒤 안개가 자욱하게 산봉우리 아래 번지고 있는 장면을 잘 표현했어. 안개를 사이에 두고 아래에는 나무와 숲, 위쪽으로 인왕산의 바위를 가득 배치했지. 산 아래는 위에서 굽어 내려다보는 시선으로 그리고, 산 위쪽은 멀리서 위로 쳐다보는 시선으로 그려 바로 앞에서 보는 듯한 느낌을 주지?

정선은 인왕산 암벽의 묵직함에 산 아래 낮게 깔린 구름과 나무들의 가벼운 느낌을 대비시켜 가파른 산세를 돋보이게 했어. 웅장한 인왕산은 담묵*과 농묵*의 조화 속에 활기가 넘치는 산으로 드러났지. 정선은 인왕산의 주봉인 거대한 바위를 그리기 위해 먹물을 가득 묻힌 큰 붓을 반복해서 아래로 내리긋는 대담한 필치를 사용했어. 반면 좀 더 가까이에 있는 능선과 나무들은 섬세한 붓질과 짧게 끊어 찍은 작은 점으로 실감나게 표현했지.

화면을 가득 채운 빽빽한 구도, 수차례 반복한 힘찬 붓질에서 정선 특유의 대담하고 개성적인 화풍이 잘 드러나고 있을 뿐만 아니라 짜임새 있는 구도는 옆으로 긴 화면 설정과 함께 현대적인 감각도 풍긴다는 점에서 놀랍지. 이렇게, 그림의 중앙을 압도하는 주봉*을 잘라, 대담하게 적묵법(積墨法)으로 괴량감*을 박진력 있게 재현한 솜씨는, 정선이 도봉산의 희고 육중한 바위봉을 표현할 때도 사용했단다.

---

* **담묵**(淡墨)
동양화에서 사용하는 묽은 먹물을 말한다. 엷은 먹빛이라고도 한다.

* **농묵**(濃墨)
진한 먹물. 지금은 먹빛이라고 한다.

* **주봉**
가장 높은 봉우리.

* **괴량감**(塊量感)
입체감과 비슷하나 표현하려는 물체를 덩어리지어 무게감이 느껴지는 것.

> **Tip 적묵법이란?**
> 적묵법은 먼저 담묵을 칠하고 그 먹이 마르면 좀 더 짙은 먹을 입히는 방법을 말한다. 여러 번 반복하는 방법으로 깊은 양감을 표현할 때에 주로 쓰인다. 먹을 계속 겹쳐 칠하면서 층층이 쌓인 먹이 중후한 느낌을 자아내며 유화 같은 깊이와 음영의 긴장감을 더해 준다. 또한 먹색을 차례차례 입혀 색이 깊어짐과 더불어 물체의 형상은 매우 세밀하게 나타난다. 일반적으로 산수화에 사용되어 첩첩이 쌓인 산과 준령, 층차를 이룬 산세를 묘사할 때 효과적이다.

그림 속 저택 〈인왕제색〉에서 볼 것은 검은 바위만이 아니야. 검은 바위 봉우리 아래로 자욱하게 피어오른 하얀 안개, 안개 곁으로 죽죽 옆으로 거듭 그어 만든 소나무의 힘찬 잎들, 그리고 솟은 지붕이 보이지? 거대한 산수 속에 그 존재를 보란 듯이 과시하고 있는 이 집은 반듯한 기와지붕의 윤곽선을 먹선으로 선명하게 그리고 묽은 색을 단정하게 칠했어. 이 집은 누구의 집일까? 아마도 화가 정선은 이 집의 주인을 위하여 〈인왕제색〉을 그렸을 거야. 그러니까 이 그림은 이 집 주인의 그림이었을 가능성이 매우 크지.

자연 속 자리잡은 저택은 누구의 집일까?

화가 정선은 그림 솜씨가 좋았기에 주변의 관료들과 학자들이 쉴 새 없이 그림을 주문했어. 이 그림은 이 집의 주인을 위하여 정선이 그린 것일 텐데, 솔직히 결론부터 말하자면, 아직 이 집의 주인이 누구인지는 밝혀지지 않고 있어.

정선의 관지를 다시 보면, 어느 해 이 그림을 그렸는지 밝히고 있지. 신미윤월, 즉 1751년 윤달, 정선의 나이 76세 때야. 어떤 학자는 정선과 벗이

인왕산을 그린 다른 그림들과 비교해 봐.

며 시인인 이병연이 그다음 해에 죽었다는 이유로 정선이 벗의 집을 그려 준 것으로 해석하기도 하는데, 증거는 없어. 어떤 학자는 정선 자신이 노후에 마련한 저택을 그린 것이라 해석해. 하지만 그 역시 증거는 없지. 말하자면 추측만 있을 뿐이야.

〈인왕제색〉은 수십 년 후 정조 시절 영의정 심환지(1730~1802)가 가지고 있었고, 심환지는 이 그림 뒤에 이런 글을 붙였어.

"만 그루 소나무 푸른빛이 그윽한 집을 두르고 있네. 이 집주인 옹은 검은 장막 아래에서 하도(河圖)와 낙서(洛書)를 완상하리."

포부와 뜻이 우주를 채울 듯한 집주인에 대한 칭송이야. 심환지가 이 시에서 노래하는 〈인왕제색〉의 주제는 산의 정기 속에 집을 짓고 머물던 어떤 사람의 포부와 인격이지. 누군가 인왕산의 기운 속에 자리한 그 자신의 공간을 그림에 담기를 원했고, 필선의 기세로 이름난 화가 정선이 인왕산 기운을 선명하고 멋지게 표현한 결과가 이 그림이야.

정선이 그린 인왕산 그림이 또 있어. 〈인곡유거〉라는 작품이야. 어때? 검게 칠한 바위 그림의 〈인왕제색〉과는 또 다른 느낌이지? 먼 산은 적묵으로 암벽을 표현했고 가까운 산은 미점*으로 표현한 것은 같지만 말이야.

　서양화가 중에도 같은 대상을 다르게 표현했던 화가가 있어. 바로 프랑스 화가, 세잔(Paul Cézanne, 1839~1906)이야. 세잔은 유난스럽게 하나의 바위산을 많이 그린 사실이 유명하지. 산 이름은 생트 빅투아르이고, 만년설이 하얀 바위산이란다. 세잔은 산의 모습을 그대로 그리려고 애쓰지 않은 대신 산이 주는 느낌을 전달하려 했어. 무언가 육중하면서도 포근한 느낌 같은 걸 표현하고자 했지. 그래서 세잔은 색의 변화로 그 표현을 시도했어. 세잔이 그린 생트 빅투아르 산을 여러 점 본다면, 같은 산인데도 산의 색이 노란색, 하늘색, 하얀색, 그리고 보라색 등 다양한 것을 볼 수 있단다.

* **미점**(米點)
가로로 찍는 작은 점.

같은 생트 빅투아르 산인데 색과 표현이 다르다는 것을 알 수 있어.

자연을 그린 그림을 서양에서는 풍경화, 우리나라에서는 산수화라고 부르는데, 풍경화와 산수화는 차이점이 있어. 풍경화는 자연을 눈으로 관찰해서 멋진 장면을 아름답게 그리는 데에 치중했지. 눈으로 보이는 객관적인 자연의 상태를 재현하기 위한 방편으로 원근법을 적절히 사용했어. 반면 산수화는 자연을 있는 그대로 나타내기보다는 작가의 의지에 따라 사물의 크기, 모양, 위치에 변화를 주어 작가의 정서와 정신세계를 담아내는 데 치중했지. 그런 의미에서 봤을 때, 세잔의 그림은 여느 풍경화와는 다르다는 것을 알 수 있어.

우리는 이미 〈인왕제색〉 속 검은색 바위와 같이 대상을 다르게 표현했던 정선의 진경산수화를 보았으니, 화가가 시도하는 이러한 다양한 색에 몹시 놀라지는 않겠지. 만약에 세잔이 정선의 진경산수화를 보았다면 무어라 했을까? 아마도 세잔이라면 정선의 마음을 이해하고 무척 반가워했을 거야. 그리고 자신은 사용할 엄두를 못 냈던 검은색의 위력과 정선의 대범함에 입을 쩌억 벌리며 감탄하지 않았을까?

〈인왕제색〉은 〈금강전도〉와 함께 1984년에 국보로 지정되었어. 조선 시대에 그려진 이 그림은 이제까지의 산수화가 중국의 것을 모방하여 그린 것에 반하여, 직접 경치를 보고 그린 진경산수화일 뿐만 아니라 그 화법에 있어서도 우리나라의 산수를 무척이나 잘 표현하였지. 게다가 그가 남긴 400여 점의 작품 가운데 가장 크고 정선만의 화법이 잘 나타나 있지. 그래서 이 작품은 조선 후기 진경산수화를 대표하는 걸작으로 평가돼.

미술놀이

4-1. 서울 풍경 그리기

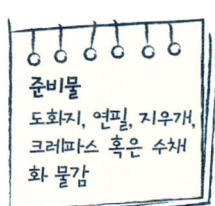
준비물
도화지, 연필, 지우개, 크레파스 혹은 수채화 물감

정선의 그림을 보면 300여 년 전의 서울의 모습을 알 수 있어. 이 그림은 지금의 석촌호수 동호에 있던 나루터를 그린 모습이야. 지금도 정선이 살던 그때처럼 한강은 여전히 흐르고 있지만, 많은 것들이 변했어.

 정선의 〈송파진〉 그림에 현재의 모습을 더해 보자. 먼저 정선의 그림에서 현재의 모습과 비슷한 부분을 따라 그리는 거야. 지금과 많이 다른 부분은 빼고 그리면 돼. 정선 그림을 옮기는 것이 끝나면 현재의 모습을 그 그림 위에 그려 넣어 줘.

 한강에 유람선, 도로와 자동차, 높은 건물들이 생겨났네. 또 어떤 것이 변했을까? 지금의 모습을 정선이 그린다면 어떻게 그렸을지 상상해 보는 것도 재미있을 거야.

4-2. 입체로 인왕제색 표현하기

준비물
목탄지(혹은 일반 도화지), 목탄, 천 조각, 검은색 우드락판, 가위, 양면테이프

이 책의 가장 처음에 보았던 〈인왕제색〉을 기억하지? 산봉우리 사이의 구름도 산 아래의 집도 모두 지금 눈앞에 있는 것 같은 생생함이 전해지는 산수화야. 이 작품을 조금 더 공간의 느낌을 살린 입체로 만들어 보자.

목탄을 사용해서 조금 다르게 〈인왕제색〉을 표현할 거야. 목탄은 연필처럼 그린 후에 휴지나 천 조각 등으로 비벼 주면 부드럽게 번지는 효과를 표현할 수 있어. 먹이 번지는 것과는 또 다른 느낌이 있지.

먼저 정선의 그림을 잘 감상하고, 가장 앞에 있는 부분과 그 뒤에 있는 부분들을 순서대로 네다섯 개 정도로 나눠 보자. 나눠진 부분을 각각의 종이에 따로 옮겨 그려. 이때 뒤에 있는 부분을 그릴 때는 나중에 입체로 세우는 것을 생각해서 화면의 아래를 조금 띄워서 그려야 해. 모두 옮겨 그린 후에 그림의 윗부분은 그림대로 그대로 잘라 내고, 아랫부분은 세울 수 있게 접어.

각 부분의 그림이 합쳐져서 〈인왕제색〉의 느낌이 완성되도록 검은색 우드락판 위에 위치를 잘 잡은 후, 양면테이프를 이용해서 그림을 붙여 입체 작품을 완성하면 되는 거야.

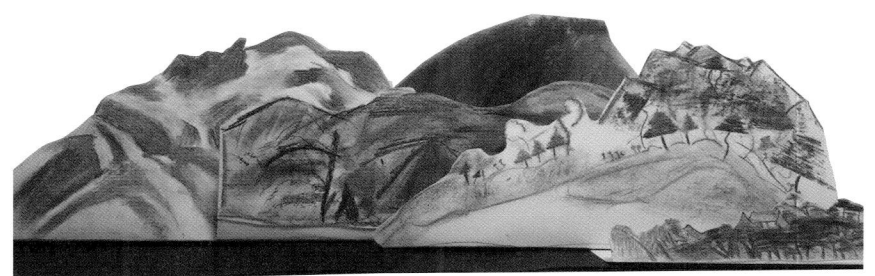

5장

인격을 그리다

■ 수록 작품
정선 〈행단고슬〉 비단에 엷은 색, 29.4×23.4cm, 왜관수도원 (108쪽)
정선 《공자성적도》 중 〈망오문마〉 1742년, 서울대학교 규장각한국학연구원 (110쪽)
정선 《송유팔현도첩》 중 〈염계상련〉 종이에 수묵담채, 30.3×20.3cm, 우학문화재단 (115쪽)
최북 〈애련도〉 비단에 색, 18.2×24.2, 서강대학교 박물관 (117쪽)
정선 〈무송관산〉 1750년, 종이에 수묵, 55.8×97.0cm, 간송미술관 (119쪽)
조석진 〈도연명무송도〉 19세기, 비단에 채색, 35.4×134cm, 국립중앙박물관 (121쪽, 왼쪽)
작가 미상 〈도연명무송도〉 종이에 채색, 조선민화박물관 (121쪽, 오른쪽)

정선의 주특기는 진경산수화였지만, 정선이 진경산수만을 그린 화가는 아니었단다. 조선 전기부터 유행하던 사계절의 풍경이나 인물화, 풀벌레의 그림도 많이 그렸거든. 우리는 정선을 알기 위해서, 또한 그 시절 선비들의 생각을 잘 알기 위해서 정선이 남겨 준 여러 가지 내용의 그림들을 두루 펼쳐 볼 필요가 있어. 이제 산수화의 세계를 벗어나서 정선이 그린 인물, 혹은 작은 동물과 식물 등의 세계로 들어가는 문을 열어 보자.

조선 시대 학자들은 어려서부터 고전을 읽는 것이 중요한 학습법이었단다. 그러니 옛 책을 읽으면서 수많은 옛사람들을 만났겠지. 그중에서도 생각과 인격이 남다르게 훌륭한 사람이라면, 그림으로나마 그 모습을 보고 싶은 마음이 들었을 거야. 정선은 이러한 옛 사람들을 그림으로 그렸단다. 물론 학자들의 요청이었지. 말하자면 조선 시대 학자들이 그림으로 그려 두고 기억하고자 했던 훌륭한 옛사람들의 모습을 정선의 그림으로 만나 볼 수 있단다.

제자들의 소망에 귀를 기울인, 공자

공자(孔子)는 기원전 5세기의 학자였지만 백세의 스승*이라 불리며 학자들의 존경을 받았지. 공자의 행적과 말씀을 모아 놓은 책이 『논어』야. 이 책은 고전 중의 고전이어서, 조선 시대 학자들은 어린 시절부터 이 책의 문장들을 하나도 빠짐없이 암송했지. 『논어』를 읽으면서 공자의 엄격하고 자애로운 인격을 저절로 배우게 되었고 자연스럽게 공자를 존경하게 되었단다. 『논어』는 오늘날에도 누구나 꼭 읽어 볼 만한 책이란다. 지금까지도 그가 남긴 명

* **백세의 스승(百世之師)** 후세까지 오래도록 모든 사람의 스승으로 공경하여 우러러보는 덕과 학문이 높은 사람.

공자와 제자들이 무슨 이야기를 나누고 있을까?

언들이 유용한 교훈으로 사용되어 있어. 예컨대 "자기가 하고 싶지 않은 것은 남에게도 시키지 마라.", "덕이 있는 사람은 외롭지 않다." 등의 말이 모두 『논어』에서 나온 불후의 명언이거든. 조선 시대 학자들은 공자의 말을 하나하나 소중하게 새기고 그 뜻을 생각했지. 유학 혹은 유교라는 거대한 사상이 『논어』에 기반을 두고 있단다.

『논어』에 실린 많은 이야기들 중, 조선 시대 학자들이 정선에게 그려 달라 주문했던 장면은 〈행단고슬〉이었어. 그림의 제목이 선뜻 이해되지 않을 것 같구나. 우선 '행단(杏壇)'이란 은행나무 아래의 강단*을 뜻하기도 하고, 살구나무 아래의 강단을 뜻하기도 한단다. 왜냐하면 은행(銀杏)과 살구꽃의 한자어인 행화(杏花)에 모두 행(杏)이 있기 때문이야. 그렇지만 '행단'이란 말의 중요한 의미는 공자가 제자들을 가르치던 곳이지. '고슬(鼓瑟)'은 '슬을 튕기다'라는 뜻으로 슬이라는 악기를 연주한다는 의미지. 이제 그림을 보렴. 행단에 앉은 사람들 중 누가 공자인지, 누가 슬을 튕기는 사람인지 찾아봐.

* **강단**
강연이나 강의, 설교 등을 하는 사람이 올라서도록 만든 자리.

가장 뒤에 앉았지만 가장 크게 그려져 있는 사람이 공자야. 그 앞에 제자 네 명이 앉아 있고, 시중을 드는 듯한 어린 동자도 있어. 공자의 모습이 사뭇 의연해 보이지?

전하는 글에 의하면 공자는 앞짱구였다고 하지만 누구도 공자의 모습을 정확하게 알 수는 없지. 그래도 사람들은 공자를 상상하여 그림으로도 그리고 또 조각상을 만들기도 했어.

조선 왕실에서 어린 동궁을 위하여 그린 그림책 『공자성적도*』에 그려진 공자의 모습을 볼까? 이 그림에서 공자는 멀리 있는 흰 말의 종류를

* **공자성적도**
공자의 어진 행적 그림.

알아보아서 사람들을 놀라게 하고 있단다. 〈행단고슬〉의 공자상과는 다르지만, 비범한 스승의 모습으로 표현되어 있지?

공자가 명마를 알아본 이야기를 그린 그림이야. 〈행단고슬〉의 공자 모습과는 다르지?

이제 정선의 〈행단고슬〉에서 슬을 튕기는 사람에 대하여 이야기할 차례야. 그 전에 우리는 먼저 '슬(瑟)'이 무엇인지 알아야 할 것 같구나. 혹시 이런 말을 들어 봤니? "어느 부부는 금슬이 좋다." 이 말은 사이좋은 부부를 뜻하는 말이야. 그럼 여기서 '금슬'은 무엇일까? '금'과 '슬'은 모두 줄을 튕기어 연주하는 현악기란다. 우리나라 가야금이 '금'의 한 종류야. 대개 금의 줄은 5줄, 6줄, 혹은 7줄 등이 있다면, 슬의 줄은 25개에 이른단다. 참고로 가야금은 12줄이야. 금슬이 좋다는 말은 중국 고대의 훌륭한 왕이었던 문왕(文王)이 왕비와 함께 금과 슬을 연주하여 아름다운 화음을 울렸던 일을 뜻한단다. 부부가 어울리는 모습을 '금슬이 좋다'고 하는 표현은 참으로 멋진 비유지? 슬은 조선 시대 왕실 잔치에서도 연주되었지. 조선 초기의 악기를 정리한 『악학궤범』을 펼치면 슬의 모습이 자세히 나온단다. 정선의 그림 속에서 '슬'을 연주하는 인물은 화면의 가장 앞에 그려져 있지. 그의 이름은 증점(曾點, ?~?)이야.

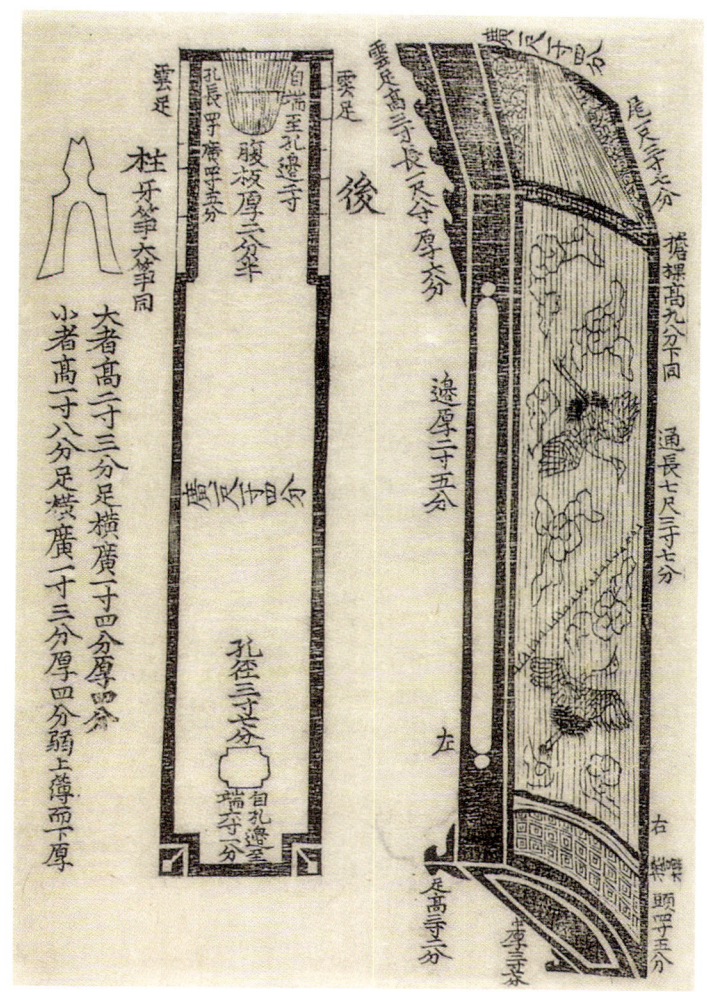

『악학궤범』에 실린 슬(瑟)의 앞면과 뒷면.

〈행단고슬〉은 『논어』 속 이야기 하나를 보여 주는 그림이란다. 공자가 제자들, 자로, 염유, 증점, 공서화에게 물었지. "그대들은 평소에 남들이 그대들을 몰라준다고 하는데, 만일 사람들이 그대들의 능력을 알아봐 무엇이든 할 수 있다면 무엇을 할 수 있느냐?" 제자들 중 자로가 가장 먼저 3년 동안 왕을 하면 가난하고 약한 나라라도 부강한 나라로 만들 수 있다고 말했지. 공서화는 예법에 관련된 관리를 할 수 있다고 조심스레 답했어. 이렇게 제자들이 돌아가며 자신의 능력과 포부를 말하는데, 증점은 슬만 연주하고 있는 거야. 공자가 증점도 말하라 하니, 증점이 뜻밖의 대답을 했단다.

"봄이 무르익어 새 옷이 만들어지거든 관을 올린 친구 서너 명과 어린이 예닐곱을 데리고 기수(沂水)에서 목욕하고 무우(舞雩)에서 바람 쏘인 뒤 노래를 부르며 돌아오겠습니다."

산에 가 친구와 어린이들과 노래 부르겠다니! 다른 제자들은 사회에 어떻게 기여할 것인지 말하는데, 증점은 참으로 엉뚱했지? 그런데 더욱 놀라운 것은 공자의 반응이었어. 공자는 큰 숨을 몰아쉬고 이렇게 말했어. "내가 하고 싶은 것도 증점과 같다."

공자는 왜 증점의 답에 크게 감격했을까? 공자가 감탄한 이유에 대하여 수백 년이 넘도록 학자들은 여러 가지 의견을 내놓았단다. '당시의 정치적 상황이 좋지 않아서 산천에 은거하는 것에 공자가 동의한 것이다.' '기수의 목욕을 목욕재계의 예로 보았던 것이다.' 등의 분분한 의견이 있었지. 그중에 매우 유력한 해석을 내놓은 학자는 주자(朱子, 1130~1200)였지. 그는 송나라 학자야. 주자는 증점이 보여 준 맑은 기상에 공자가 감탄하였다고 주장했는데, 조선의 학자들은 주자의 해석을 좋아했어. 조선 시대 호학군주*였던 정조가 신하들과 『논어』를 읽다가 물었다지. "아니, 증점에게 무얼 배우는가? 왜 성현께서 감탄하셨는가?" 그러자 신하들이 머리를 조아려 국왕에게 답을 올렸어. "임금님께서는 기상을 배우십시오."

*호학군주
공부를 좋아하는 지도자.

증점의 답이 엄격하신 공자님을 감탄하게 한 진짜 이유는 무엇이었을까? 사실 그 답은 영원히 열려 있다고 말할 수 있단다. 조선 시대 과거 시험에서 증점의 대답에 담긴 의미를 서술해 보라는 논술 문제가 종종 출제되곤 했으니까. 『논어』의 이야기 중 오직 이 장면만을 정선이 그렸던 사연도 여기에 있었을 거야. 제자들의 꿈을 마음껏 말하도록 했던 스승의 모습, 그리고 뜻밖의 대답에 유난히 감탄했던 그 모습은 여러 가지 생각을 하게 하니까.

『논어』의 증점 이야기는 학자들의 관심사였기에 조선 시대 내내 그림으로 그려졌단다. 정선의 〈행단고슬〉과 같이 공자와 제자들이 행단 아래 대화를 나누는 장면으로도 그려졌고, 또한 증점의 대답 내용이 상상으로 그려지기도 했지. 같은 시대 왕실에서 만든 그림책에는 증점의 대답 내용이 그려져 있어. 벗들과 아이들과 목욕하고 바람 쐬고 노래하겠다는 증점의 생각이 그림으로 표현된 거야. 화원 화가가 그림을 그리고 명필 윤순(1680~1741)이 증점의 답을 정성껏 적어서 그림을 설명해 주고 있지.

연꽃의 인격을 사랑한, 주렴계 세상에는 얼마나 많은 꽃이 있을까? 이름을 아는 꽃이 몇 개나 되는지, 꽃 이름을 하나씩 꼽아 볼까?

꽃 이름을 말할 때에는 그 꽃의 모습과 향기를 떠올려 보아야 해. 꽃의 이름을 하나씩 꼽아 보노라니, 꽃들의 모습과 향기는 참으로 제각각 어여쁘지? 이제는 그 많은 꽃들 중에서 어떤 꽃이 가장 마음에 드는지 말해 볼래? 왜 그 꽃이 마음에 들었니?

중국의 송나라 학자 주렴계(이름 주무숙周茂叔)가 특별히 좋아한 꽃은 연꽃이었어. 주렴계가 왜 연꽃을 좋아했을까? 그 이유를 들어 볼게. 정선의 그림 〈염계상련*〉을 제대로 감상하기 위해서야. 그림 속에서 연꽃을 바라보는 사람이 바로 주렴계야. 우리가 앞의 〈행단고슬〉에서 증점의 대답에 기상이 있다고 해석한 중국 학자의 이름을 기억하니? 그래! '주자'란 사람이었지? 주자는 조선 시대 학자들이 가장 존경한 학자였어. 이 그림 속 주렴계는 주자가 존경하여 배운 학자였단다. 그러니 조선의 학자들은 주렴계의 글에도 관심이 아주 컸지. 주렴계가 연꽃을 좋아한 이유를 설명한 글, 「애련설(愛蓮說)」을 조선의 학자라면 잘 알고 있었단다.

주렴계가 연꽃을 사랑한 이유는 세 가지였어.

첫째는 "진흙에서 나왔으나 말쑥한 꽃을 피운다."였지. 연꽃은 물속 진흙에 뿌리를 묻고 올라온단다. 주렴계는 이러한 연꽃을 보면서, 어려운 환경에서도 때 묻지 않고 꿋꿋하고 깨끗하고 아름답게 자라난 점을 좋아한 거야.

주렴계는 연꽃을 사랑한 둘째 이유로 "멀리서 피어나, 사람들은 바라볼 뿐 함부로 할 수 없다."라고 말했어. 연꽃은 물 위에 멀리 피어 있으니 예뻐도 함부로 만질 수 없고 꺾을 수 없잖아. 저 멀리 고고하게 솟아 있는 연꽃의 모습을 보면서, 보통 사람들이 함부로 대할 수 없는 훌륭한 사람

* **염계상련**(濂溪賞蓮) 렴계 선생이 연꽃을 감상하다.

연꽃을 바라보고 있는 저 사람이 주렴계 선생이야.

으로 비유한 것 같아.

　마지막으로 "그 향기는 멀수록 더욱 맑다."라고 했어. 연꽃의 향기는 멀리서 은은하게 느껴지기에, 어떤 사람의 인품이 좋아서 누군가 문득 그를 기억하고 말할 때 은은한 향기처럼 느껴지는 것을 비유한 거야. 그리고 주렴계는 단언했지. "꽃 중의 군자는 연꽃이다."라고. 화중군자(花中君子)란 말이 여기서 나왔지. 혹시 사군자*를 들어 보았니? 사실, 조선 시대 선비들은 사군자를 몰랐단다. 그들에게 꽃 중의 군자라면 연꽃이었지.

　누군가 하나의 꽃을 좋아하여 그 이유를 말한다면, 그 이유 속에는 말하는 사람의 생각과 소망이 고스란히 담기게 되지. 처음에 꽃 이름을 헤아리며 무슨 꽃을 선택했는지 다시 한 번 돌이켜 보길 바라. 조선 시대 학자들은 연꽃의 뜻에 담은 주렴계의 생각을 무척 존경했어.

　특히 멀수록 맑은 향기라는 표현은 조선의 학자들에게 특별한 사랑을 받았단다. 경복궁을 깊숙이 들어가면 연못 속에 어여쁜 정자가 있는데, 그 이름이 '향원정'이야. '향원(香遠)'은 향기가 멀다라는 뜻으로 주렴계 선생이 말한 연꽃의 맑은 덕이란다.

　그림 속 주렴계가 바라보는 것은 연꽃의 어여쁨과 향기에 그치는 것이 아니라, 그가 바라고 바란 맑고 굳센 인격이었겠지. 정선의 이 그림을 펼쳐 놓으면, 학자들은 너나없이 수염을 쓸어내리며 주렴계의 글 〈애련설〉을 나지막하게 읊조렸을 거야.

　조선 시대 학자들은 주렴계의 연꽃 감상 장면을 좋아하여, 정선의 그림 외에도 여러 점의 그림이 전하고 있단다.

* **사군자(四君子)**
매난국죽, 매화·난초·국화·대나무를 그린 그림, 또는 그 소재를 말한다.

정선 이후의 화가인 최북이 그린 그림으로, 주렴계가 연꽃을 감상하는 장면이야.

*무송(撫松)
소나무를 어루만지다.

소나무를 만지며 생각한, 도연명

정선의 그림 〈무송*〉을 보자. 그림 속 선비가 소나무를 쓰다듬고 있지. 왜 소나무를 쓰다듬을까? 소나무를 쓰다듬으면 어떤 느낌일까? 꺼칠꺼칠하지 않을까? 길을 가다 소나무를 만나거든 천천히 어루만져 보렴. 그리고 생각해야 해. '나는 커서 무엇이 되면 좋을까' 하는 중요한 생각을 하면 좋겠어. 그러면 그림 속 선비처럼 멋진 생각을 하게 될 테니까. 그림 속 저 선비는 소나무를 어루만지며 골똘히 생각했지. 세상 사람들이 어떻게 살아야 하는지, 어떤 사회를 만들어야 좋은지 등을 말이야. 그리고 수천 년 동안 많은 사람들이 읽고 또 읽는 명문을 남겼단다.

그림 속 저 선비의 이름은 도연명(陶淵明, 365~427)이야. 지금으로부터 약 1500년 전 중국의 문인이란다. 그는 당시 사회의 부조리한 것들을 참을 수가 없었지. 도연명은 벼슬을 버리고 고향으로 돌아왔어. 그리고 고향에 머물면서 사회의 문제점을 생각했고, 그 문제를 모두 제거한 이상적인 사회를 상상했어. 혹시 내가 공부하는 학교의 문제점이나 이상적인 학교는 어떤 학교인가, 내가 함께하는 가족의 문제점은 무엇일까, 이상적인 가족의 모습은 어떠할까 등을 생각해 본 적 있니? 만약 이런 것을 생각하지 않는다면, 우리는 더욱 좋은 학교와 더욱 좋은 가정을 만들 수 없을 거야. 도연명은 모두가 함께 일하는 사회, 먹고 입을 것을 걱정하지 않는 사회, 그래서 몸이 약한 노인과 어린이들이 모두 행복하여 활짝 웃고 있는 사회를 생각했지. 그리고 글로 남겼는데, 그 글의 제목은 〈도화원기*〉야. 한 어부가 동굴 속 꽃마을을 우연히 만나서 이상적인 사회를 목도*한다는 이야기지. 그런데 우리 인류는 아직도 어린이와 노인이 모두 행복한

*도화원기
도화꽃이 핀 마을에 대한 기록.

*목도
눈으로 직접 본다는 뜻.

도연명은 소나무를 만지며 무슨 생각을 했을까?

사회를 만들지 못하고 있으니 안타까워.

　도연명이 벼슬을 버리고 떠날 때 지은 노래가 있단다. 고향으로 돌아가는 노래라 하여 제목이 〈귀거래사(歸去來辭)〉야. 〈귀거래사〉에서 도연명은 노래했어. 고향에 돌아가거든 저녁에 소나무를 어루만지며 서성거리겠노라고.

　정선의 그림 속 소나무가 참 크고 우람하지? 소나무는 화면의 중앙을 가로질러 푸르고 성성한 솔잎을 뻗치며 자라나 있어. 소나무 끝에 구름이 서렸는데 구름 주변에 바린 먹색이 옅은 것을 보니, 살살 어두워지는 하늘이야. 서늘한 저녁 바람 속에 해가 지고 달이 뜰 때, 홀로 생각에 잠기어 선 도연명의 모습이 소나무보다 의연해 보이지 않니? 정선이 그린 도연명과 소나무는 도연명의 생각을 존중한 조선 시대 학자들의 마음이고, 또 정선의 마음이었지.

　수많은 역사 속의 인물 중 도연명은 그림으로 가장 많이 그려진 인물이었단다. 다양한 모습으로 그려졌는데, 정선의 그림처럼 소나무를 어루만지는 장면은 이후에도 수없이 반복되며 민화로도 유난히 많이 그려졌단다.

도연명이 소나무를 만지는 장면은
정선의 그림 말고도 매우 많아.

미술놀이

5-1. 채색화로 하얀 연꽃 그리기

준비물
연한 색의 한지, 연필, 지우개, 한국화 물감, 붓, 팔레트, 물통

깨끗하고 고귀한 자태의 연꽃은 지금도 그림이나 문양으로 많이 볼 수 있지. 주렴계가 사랑하고, 조선 시대 학자들도 사랑한 연꽃을 한국화 물감으로 그려 보자. 이 책의 앞에서 정선의 그림들 속에 선비의 옷이나, 금강산의 산봉우리들이 하얗게 표현된 것을 보았지? 모두 '호분'이라는 한국화 물감으로 칠한 것이지. 우리는 꽃잎을 호분으로 색칠하자.

호분은 주로 조개껍데기 가루로 만들어지는 하얀색 물감이야. 한국화의 채색 재료는 모두 꽃, 잎, 돌, 흙 등과 같은 자연에서 얻는데, 요즘은 튜브에 담긴 일반 물감으로도 만들어져 있어.

한국화는 그리는 방법에 따라서 크게 수묵화와 채색화로 나눠. 먹의 농담과 번짐, 스며듦을 이용하여 그리는 것이 수묵화이고, 채색화는 색상을 칠하여 그리는 그림이야. 채색화는 수묵화와는 달리 색을 여러 번 덧칠해서 입히기도 해.

연꽃의 모습을 잘 보고 스케치한 후에 제일 먼저 호분으로 꽃잎을 색칠해. 꽃잎이 마르는 동안, 잎과 줄기를 칠하면 돼. 하얀색으로 칠하기 때문에 연한 색이 염색된 한지에 그린다면 흰 연꽃이 더 돋보일 거야. 호분이 모두 마르고 나면 꽃잎의 끝 부분에만 다른 색상을 살짝 입혀 주고, 마지막으로 꽃잎과 잎사귀의 잎맥을 얇게 그리면 아름다운 연꽃 그림이 완성된단다.

6장

다재다능한 화가 정선

■ 수록 작품

정선 《화훼영모화첩》 중 〈과전전계〉 1742년, 비단에 채색, 20.8×30.5cm, 간송미술관 (125쪽)
신사임당 《초충도자수병》 8폭 중 제1폭 〈오이와 개구리〉 18세기, 비단에 자수, 90.3×44.8cm, 동아대학교 박물관 (127쪽)
정선 《화훼영모화첩》 중 〈서과투서〉 1742년, 비단에 채색, 20.8×30.5cm 간송미술관 (130쪽)
전 신사임당 《초충10폭병》 중 〈수박과 쥐〉 16세기, 종이에 채색, 32.8×28cm, 국립중앙박물관 (131쪽, 위)
작가 미상(명나라 화가) 〈수박과 쥐〉 16세기, 비단에 채색, 24.5×25.5cm, 영국박물관 (131쪽, 아래)
정선 《화훼영모화첩》 중 〈자위부과〉 1741년, 비단에 채색, 20×30.5cm, 간송미술관 (133쪽)
홍진구 〈오이와 고슴도치〉 18세기, 종이에 담채, 25.6×15.8cm, 간송미술관 (135쪽)
정황 〈대은암〉 18세기, 모시에 수묵채색, 22.7×16.3cm, 국립중앙박물관 (137쪽)
김희성 《불염재주인진적첩》 중 〈춘생와〉 18세기, 종이에 담채, 37.5×61.4cm, 리움미술관 (138쪽, 위)
김희성 《불염재주인진적첩》 중 〈개화사〉 18세기, 종이에 담채, 37.5×61.4cm, 리움미술관 (138쪽, 아래)
심사정 〈만폭동〉 종이에 담채, 32×22cm, 간송미술관 (140쪽)
김홍도 《금강산군첩》 중 〈구룡연〉 1788년, 비단에 담채, 43.7×30cm, 개인 소장 (142쪽)
작가 미상 《금강산도 10폭병》 리움미술관 (144~145쪽)

겸재 정선은 산수나 인물의 그림은 물론이고, 작고 귀여운 동물들이 펼치는 꽃과 풀의 세계도 멋지게 그려 낼 줄 아는 다재다능한 화가였어. 작은 대상을 그리려니 붓질도 섬세해진 것일까? "힘찬 먹칠로 커다란 검은 바위를 그린 화가가 그린 그림이 맞나요?"라고 의심이 들 만큼, 고운 필치와 색채가 돋보이는 그림들도 있었지. 그건 아마 풀잎 사이로 작고 작은 이야기를 끝없이 펼쳐나가는 작은 동물들의 몸짓을 그려 주기 위해서 섬세한 필치가 필요했나 봐.

지금이라도 개구리가 펄쩍 뛰어오를 것 같지 않니?

개구리 위로 오르려 하네 그림 속 주인공은 누구일까? 툭 튀어나온 개구리 머리 위로 오이가 주렁주렁하네. 그 위로 나비가 포르르 날아오르고, 오이꽃 노란 꽃잎과 패랭이 붉은 꽃잎이 활짝 피어 흔들흔들해. 가을을 맞느라 어여쁘고 분주한 모두가 이 그림의 주인공들이겠지만, 중앙에 큼직하게 자리한 저 개구리와 오이가 가장 눈에 띄는구나. 이 그림을 〈오이와 개구리〉라 불러 보자.

넓적한 오이 잎들 사이로 반지르르한 몸을 내밀고 나타난 저 개구리. 무엇을 하는 걸까? 앞발에 힘을 주고 고개를 버쩍 곧추세웠지? 두 눈이 구슬처럼 동글동글 생기가 있는 것을 보니, 날아가는 나비에 군침이 돌았나 봐. 그런데 개구리 긴 혀가 나오기도 전에, 나비는 얼른 날아올랐어. 오이 잎 넝쿨손은 아랑곳없다는 양 잡을 데도 없는 공중으로 한없이 뻗쳐 올라가느라 여념이 없네. 넝쿨손에 매달린 노란색 오이꽃은 나비를 기다릴 거야. 오이꽃에 나비가 수작을 해야 오이가 달리지. 그런데 그 나비가 개구리의 먹잇감이었다니! 나비를 놓친 개구리는 다른 먹이를 찾아야 할 거야. 작은 생물들의 이야기가 드라마처럼 펼쳐지며 끝나질 않는 거야. 개구리 아래로는 안래홍이 곱게 물들었어. 화면 아래 자라난 두 포기 붉은 풀이 안래홍이야. 기러기 오는 가을에 붉어지는 풀이라 하여 안래홍이라 부르게 되었다고 하지. 기러기 안(雁), 올 래(來), 그리고 붉은 홍(紅).

그런데 정선은 어떠한 사연으로 이러한 이야기를 그리게 되었을까? 풀벌레를 중심으로 그리는 그림을 '초충(草蟲)'이라 하지. 초충도는 중국과 한국에서 오래전부터 그려지고 있었단다. 여러 가지 초충들이 제각각 다른 모습과 특성으로 서로 먹고 먹히는 상황, 즉 생태계의 흐름을 관찰하면서 학자들은 우주의 이치와 인간 세상 이야기를 심각하게 생각하곤 했단다. 한편으로는 초충이란 대상이 작고 귀여우니 그려 놓고 보면 몹시 친근하고 재미있었지. 그래서 장식적인 초충이란 또한 많이 그려지게 되었어. 초충도의 오랜 역사 속에서 정선이 활동하던 당시 조선 시대에는 유난히 초충도가 갑작스러운 인기를 누리게 되었단다. 왜냐고?

여기서 우리는 신사임당의 초충도에 대한 이야기를 해야겠구나. 신사임당은 정선보다 200년 전에 살았던 여성이지. 오늘날에는 신사임당이 직접 그린 초충도는 전하지 않아. 하지만 신사임당의 그림을 밑그림으로

정선의 〈오이와 개구리〉와 비슷하지?

다시 그려서 수를 놓은 조선 후기 자수 작품이 전하고 있으니 다행이야. 그 자수 병풍 8폭에서 가장 오른쪽의 제1폭을 펼쳐 볼게. 개구리가 곤두서고 오이가 대롱대롱 매달려 있지. 어머나, 이 화면은 어쩌면 정선의 〈오이와 개구리〉와 비슷하구나. 바로 여기에 정선이 초충을 그린 사연이 있는 거지.

　정선의 금강산 그림첩이 인기를 누리던 바로 그때, 한양에서 갑작스럽게 커다란 관심을 끌었던 또 다른 종류의 그림이 있었는데, 그것은 신사임당(1504~1551)의 초충도였단다. 신사임당은 대학자 이율곡(1536~1584)의 어머니라, 이율곡을 존경하는 학자들이 그 어머니 사임당이 초충도를 그렸다는 사실을 알고는 갑작스럽게 신사임당의 초충도도 선풍적인 인기를 얻었기 때문이지. 초충이라는 작은 생물까지 살피고 그려 낸 마음이라 여기어서, 학자들은 신사임당 초충도를 아주 좋아하게 되었고, 또 보고 싶고 가지고 싶어 했단다. 그러나 당시에 전해지던 신사임당 그림들은 아주 몹시 낡았을 뿐 아니라 신사임당은 이미 세상을 떠난 뒤였지. 그러자 한양 선비들은 필치 좋기로 유명한 정선에게 신사임당 초충도와 같은 초충도를 그려 달라 요청했던 게야. 정선은 정성스럽게 그렸지. 신사임당의 초충도를 보았고 또 뜰에 달린 핀 오이꽃과 오이와 개구리를 다시 한 번 살폈을 거야. 그래서일까. 정선 스타일의 초충도 속에서 오이가 더욱 싱싱하고 개구리는 더욱 활기차지. 정선이 섬세한 붓질로 긴장을 놓지 않고 그렸기 때문이야.

수박을 훔쳐 먹는 새앙쥐들 이 그림의 주인공은 쥐와 수박! 수박의 단 냄새가 물씬 풍겼나 봐. 날카로운 이를 가진 쥐들이 딱딱한 수박 껍질을 쪼아 내고 그 속의 빨간 수박살을 파먹고 있어. 달콤하고 시원한 맛에 신이 났을 거야. 그런데 애써 키운 커다란 수박을 쥐들에게 뺏길 수는 없는 노릇 아니야? 쥐들도 알아. 그래서 사람들에게 들켜서 꼬리라도 밟힐까 걱정에 마음을 놓을 수 없어. 맛있는 수박을 좀이라도 더 먹으려고 조그만 입은 쉬지 않고 오물오물 하고, 사람이 나타날까 까만 두 눈은 쉴 틈 없이 두리번두리번거리네. 조그맣게 솟은 귀, 길쭉한 얼굴, 길게 구부러진 꼬리, 옹그린 등을 봐. 수박 먹는 생쥐 모습이 여간 귀엽지 않구나.

정선이 그린 〈수박과 쥐〉에도 수박의 넝쿨손은 하늘의 사방으로 뻗쳐 올랐지? 이렇게 뻗어 가는 넝쿨손은 번영을 뜻한다는 오래된 노래가 있었단다. 그래서 오이든 수박이든, 넝쿨이 빠르게 자라나는 모습을 그려 집안이 번성하기를 바라는 마음을 담곤 했지. 잘 익은 수박은 보기만 해도 탐스러우니 그림으로 보기에 더할 나위 없이 좋았지. 그림 속 생쥐들 아래 피어난 파란 꽃은 이름이 달개비야. 시골에서는 여름부터 가을까지 지천으로 피었지. 오늘날 도시에서도 공원이나 학교 담벼락 아래를 잘 보면 분명히 찾을 수 있을 거야. 달개비는 심지 않아도 절로 피어 씩씩하게 번성하는 야생화니까.

신사임당도 수박과 쥐를 그렸냐고? 신사임당의 그림이었다고 전해지는 또 따른 병풍에는 수박을 파먹는 쥐가 그려져 있단다. 사실 더욱 일찍이 중국 황실에서 수박과 쥐가 그려지고 있었어. 여기서 중국에서 그려졌던 그림도 한 폭 더 소개할게. 수박을 파먹는 쥐의 그림은 중국 사람들도

정선의 섬세한
붓질은 초충도에서도
그대로 드러나.

〈수박과 쥐〉는 정선뿐만 아니라 신사임당도, 명나라의 화가도 그릴 만큼 널리 유행했던 주제였나 봐.

좋아했다는 것을 알 수 있지. 말하자면 국제적 주제였다고 이해하면 될 거야. 조선 시대 신사임당이 그렸음 직한 주제이고 또 정선이 요구받을 만한 주제라는 뜻이지.

훗날의 조선 학자 남공철(1760~1840)은 누군가가 그려 놓은 〈수박과 쥐〉의 그림을 보게 됐어. 그리고 글을 한 편 남겼단다. 남공철은 쥐들이 주변을 살피면서 수박을 파먹는 모습을 바라보고 쥐들은 자신의 도적질을 스스로 알고 부끄러운 줄 안다고 생각했어. 그리고 나쁜 짓을 하고도 부끄러워할 줄 모르는 사람들이 많은 것을 한탄했지. 정말이지, 양심도 없는 듯 나쁜 짓을 일삼고도 뻔뻔한 사람들은 이 그림 속 쥐만도 못한 파렴치한들이야.

고슴도치 등 위에 오이 정선이 그린 또 한 폭의 동물 세계를 펼쳐 볼게. 이 그림 속 주인공은 누구일까? 오이를 지고 가는 작은 동물, 고슴도치라는 걸 한눈에 알 수 있겠지? 고슴도치의 털은 몹시 뻣뻣하여 따가우니, 보듬어 쓰다듬고 싶더라도 맨손으로 만지면 절대 안 돼. 다칠 수 있으니까. 고슴도치에게 가시 같은 털은 방패이자 무기거든. 고슴도치들은 위험에 처하면 몸을 동그랗게 옹그려서 가시 방울을 만들지. 다른 동물들이 건드리지 못하도록 하는 거야. 그런데 이 그림 속 고슴도치는 몸을 주욱 피고 가시털로 오이를 지고 가네.

옛 속담에 '고슴도치가 오이 걸머지듯'이 있단다. 무슨 뜻일까? 몹시 버거운 짐을 진 상황을 비유하는 말이야. 특히 빚을 많이 져서 견디기 힘든

고슴도치 털을 하나하나 그린 걸 보렴.

상황을 표현할 때 가장 적절한 표현이라지. 그러니까 숙제가 너무 많거나 할 일이 많아 힘들 때 "고슴도치가 오이를 걸머진 듯 힘들어요."라고 재치 있게 말해 보렴. 그리고 이 그림 속 고슴도치를 보면 기운이 날 거야. 이 그림 속 고슴도치도 오이가 무거워 힘겨울까? 힘겨워도 할 수 없지. 농부들이 정성껏 키워 놓은 오이를 저렇게 훔쳐 가고 있으니. 아니면, 먹이를 기다리는 새끼들에게 바삐 가는 엄마 고슴도치 아닐까? 그렇다면 고슴도치에게 저 오이가 소중한 먹이이겠구나. 힘들어도 참고 가야지. "고슴도치야 떨어뜨리지 말고 둥지까지 잘 참고 가려무나." 응원이라도 해 주고 싶지? 고슴도치를 힘껏 응원하고 나면 우리의 숙제도 끝까지 꾹 참고 해낼 수 있다는 용기가 절로 생길 거야.

산속의 고슴도치들이 토란을 지고 다니더라고 노래한 조선 시대 대문인 박지원(1737~1805)의 시가 있단다. 아마 고슴도치의 털이 보드라웠다면 작은 토란이 그 등에 붙어 있을 리가 만무하겠지. 뻣뻣하고 날카로운 털 덕분에, 고슴도치는 오이도 지고 토란도 지고 다닌 모양이야. 고슴도치를 키워 보면 알겠지만, 고슴도치는 작은 벌레도 먹고 열매도 잘 먹는단다.

이제 그림을 좀 더 자세히 보면서 고슴도치 털을 어떻게 그렸나 살펴보자. 화가의 붓질을 보렴. 털을 하나하나 그렸지? 게다가 붓질의 방향을 조금씩 달리하면서 한 털 한 털 꼭짓점이 만나듯 고슴도치 특유의 뾰족한 털을 잘 표현했어. 이제 잠시 책장을 넘겨 앞선 그림 속 작은 동물도 다시 볼까? 털이 없는 개구리는 어떻게 그렸는지, 털이 짧고 매끄러운 쥐는 어떻게 그렸는지 비교하기 위해서야. 쥐를 보니, 회색을 먼저 칠한 뒤 얇고 검은 먹선으로 짧게 같은 방향으로 그려 넣었구나. 정말 매끄러운 쥐털 같아.

신사임당이 그렸다고 하는 오이와 고슴도치 그림도 전해지고 있지만, 여기서는 홍진구(?~?)라는 화가가 그린 〈오이와 고슴도치〉를 비교해 보자. 정선이 그린 오이와 고슴도치와 아주 흡사한 화면이야. 그런데 붓질이 사뭇 다른 것을 볼 수 있지? 홍진구의 이 그림 속 오이, 오이 잎, 오이 덩굴과 함께 핀 푸른 국화 꽃잎 등은 모두 정선의 그것보다 빠른 필치로 그려져 있어. 그래도 고슴도치 털 위에서는 홍진구의 붓질도 정선만큼 오래 머물렀겠구나. 홍진구도 정선처럼, 고슴도치 털을 하나하나 꼭짓점을 맞추며 그리느라고 정신을 바짝 차리고 숨을 천천히 쉬면서 그렸겠지. 한 마리의 고슴도치가 완성될 때까지 말이야.

정선의 〈오이와 고슴도치〉와 비슷하지만 붓질이 사뭇 달라.

정선이 후대에 끼친 영향 산수화, 인물화, 초충도까지 못 그리는 게 없던 정선. 정선의 그림을 배우려는 화가들이 생기는 것은 당연한 일이었겠지? 그중 대표적인 세 사람을 들어 볼게. 한 사람은 정선의 손자 정황(1735~?)이야. 어려서부터 할아버지의 작업을 곁에서 보았겠지. 또 한 사람은 화원 화가 김희성(18세기 중엽 활동)이야. 정선의 그림과 정말 흡사한 그림을 그린 화가였어. 또 한 사람은 문인 화가 심사정(1707~1769)이야. 정선을 배웠지만 정선과 사뭇 다른 그림을 그렸지. 사람들의 생각과 능력은 다르기 마련이라, 정선에게 배운 후 각자의 생각대로 뜻과 실력을 발휘한 것 같아.

정선이 몹시 바쁜 늘그막에 정선을 곁에서 도우면서 그림을 배우고 성장한 정선 집안의 화가들이 있었지. 그중 우리에게 가장 잘 알려져 있는 화가가 곧, 정선의 손자 정황이야. 정황은 정선이 한창 활약할 때에 태어나서 유명한 화가 할아버지의 그림을 따라 그려 본 귀여운 손자가 아니었을까? 정황은 할아버지의 진경산수화를 잘 그렸기에, 당시 학자들은 정황에게 정선식 진경산수화를 부탁했지.

정황이 그린 〈대은암〉을 보면 마치 정선의 그림을 보는 듯해. 말하자면 정선의 그림 스타일을 정황이 잘 이해했고, 그것을 그대로 재현하려고 노력한 셈이야. 정황은 할아버지 정선을 아주 존경했던 것 같지?

정선의 그림과 혼동을 일으키게 하는 또 다른 화가도 나왔어. 그의 이름은 김희성이야. 불염재(不染齋)라는 붉은 인장이 아니라면 정선의 그림이 아닐까 선뜻 착각이 들 정도로, 김희성은 정선의 화풍과 필치를 착실하게 구사했던 화가란다. 김희성은 많은 산수화를 남겼는데, 당시의 감상

정황이 그린 그림인데 정선을 마주하고 있는 기분이 들어.

자들도 정선을 잘 배운 화가라고 입을 모아 칭송했지. 리움미술관에 소장된 화첩에 실린 김희성의 그린 〈춘생와(春生窩)〉와 〈개화사〉를 소개할게. 정선 특유의 소나무 표현법, 옆으로 점을 빠르게 찍어 나가는 먹점의 표현, 그리고 힘차게 긋는 필선 등에서 정선의 화풍이 확연하게 드러나지.

'춘생와'는 유엄(1692~?)이라는 학자의 별장이야. 흥미롭게도 유엄은 정선을 몹시 좋아했던 학자야. 정선의 그림 수십 점을 모아서 화첩으로 만든 후, 각 화폭에 시를 부쳐 수십 수의 연작시를 지었으니까. 그러니 자신의 저택을 정선의 스타일로 그려 준 화가 김희성이 몹시 고맙지 않았을까? 김희성과 유엄은 그 시절 정선의 열렬한 팬이었던 거야.

김희성은 화원이 되어 많은 산수화를 제작하게 되었단다. 결국 정선의 그림은 화원 화가들의 화풍에 영향력을 발휘한 셈이지.

김희성의 그림에도
정선의 화풍이 확연하게 드러나.

이렇듯 정선의 그림을 좋아하여 직접 배우고자 한 이들이 한둘이 아니었지.

정선을 배운 화가들 중 유명한 화가는 심사정이란다. 심사정이 한때 정선에게 와서 그림을 배웠다는 사실은 옛 문헌 여러 곳에 나오는데, 그들이 언제 만나서 무엇을 배웠는지 알려 주는 기록은 없으니 좀 아쉽지. 아마도 심사정이 청년 시절 정선의 명성을 듣고 찾아갔을 가능성이 매우 높아. 심사정은 스무 살 때쯤 집안이 정치적 소용돌이에 말려들어 풍비박산이 났거든. 더 이상 양반으로 정상적인 사회생활이나 관직 생활을 할 수 없게 되었을 때, 그림 재주가 있었던 심사정이 찾아간 사람은 그 당시 문인 사회에서 화가로 이름이 높았던 정선이었던 거야.

그 후, 심사정은 평생 그림으로 생계를 꾸렸고, 화가로 이름을 남기게 되었지. 심사정은 하루도 붓을 놓지 못하고 그림을 그려야 했다고 기록에 전하고 있단다. 다만 심사정은 정선과는 다른 화풍과 주제로 각자의 세계를 이룩했지. 심사정의 금강산 그림이나 진경산수화가 없는 것은 아니지만, 심사정의 주된 주제는 아니었어. 심사정은 새로운 중국풍의 산수화를 그려서 이름을 더 얻었고, 또한 어여쁜 색을 사용한 화조화*를 남달리 잘 그렸고 많이 그렸던 화가야. 심사정은 정선에게 무엇을 배웠던 것일까? 그 무엇보다 화가로서의 저력과 용기, 성실함을 배우지 않았을까?

***화조화**(花鳥畵)
꽃과 새를 그린 그림.

간송미술관에 심사정이 그린 금강산 그림 〈만폭동〉이 전하고 있으니, 정선의 그림과 비교하여 보면 어떨까? 이 그림은 정선의 〈만폭동〉과 화면의 구도도 다르고 필치도 달라. 하지만 심사정의 〈만폭동〉에 우뚝 선 바위를 다시 한 번 봐. 우리가 처음에 보았던 정선의 〈인왕제색〉 속 검은

우뚝 솟은 바위를 보면 정선의 그림 중에 〈인왕제색〉이 떠오를지도 몰라.

바위가 떠오르지 않아? 심사정은 스승의 힘찬 붓질을 자신의 방식으로 구현해 보았던 것이 아닐까? 심사정의 산수 표현은 정선에 비하면 한결 부드럽지. 그래서 문인다운 분위기가 더 많다는 호평을 얻기도 했단다.

이 외에도 정선이 우리 회화사에 끼친 영향은 대단해. 뭐니 뭐니 해도 정선 이후 금강산 화가들이 많아졌지. 정선이 세상을 떠난 뒤 조선 시대 산수화들을 보면 금강산을 그린 산수화가 아주 많지. 만약 금강산이 없었다면 조선 시대 화가들은 무슨 산을 그렸을까 걱정이 될 만큼 금강산을 많이 그렸어. 그 말은 즉, 금강산을 그린 조선 후기의 화가들이 많았다는 말이야. 그런데 정선이 금강산 수십 점 《해악전신첩》을 만들고 금강산 화가로 인기를 누릴 당시, 금강산을 그리는 화가는 정선뿐이었단다. 문인들이 금강산 유람을 다니면서 금강산 그림을 찾기 시작했을 때 오직 정선만이 금강산을 그리고 있었던 거야. 정선은 1710년대부터 수십 년간 금강산을 그리는 독보적 화가였다고 할 수 있어. 정선은 1759년 84세의 나이로 세상을 떠났고, 조선 후기의 많은 금강산 화가들은 대개 18세기 후반부터 20세기 초에 활동한 화가들이란다. 말하자면 조선 후기 금강산 화가들은 모두가 정선의 후예들이었다고 말할 수 있어.

김홍도(1745~?)도 금강산을 그렸단다. 김홍도라 하면 〈서당〉을 그린 화가라고 알고 있을 거야. 맞아. 한 아이가 손으로 얼굴을 문지르며 울고 있는 유명한 〈서당〉의 풍경은 한 번쯤은 봤을 법한 유명한 그림이니까. 그런데 김홍도가 그러한 풍속도를 그렸던 이유가 무엇인지에 대해서는 알고 있니? 그건 국왕에게 보여 드리기 위함이었지. 국왕 정조가 백성들의 모습을 보고자 하였고, 김홍도는 어람*을 위하여 수많은 풍속도를 제작하였다는 뜻이야. 김홍도가 정조 휘하의 화가였다는 배경을 알면, 김홍도의 금강산도 이해가 좀 빠를 거야.

* **어람**(御覽)
왕의 감상.

18세기 후반기의 국왕이었던 정조는 학문과 예술에 관심이 많은 왕이었어. 정조는 그 시절 문인들이 금강산으로 자꾸 가고 기행문과 기행시를 숱하게 짓고 금강산 그림까지 유행하는 상황을 보면서 궁금해졌지. '도대체 금강산이 얼마나 멋진 산일까?' 그러나 국왕이 되어서 금강산 유람을 하자고 달포*나 궁궐을 떠날 수는 없는 노릇 아니겠어? 정조는 가장 아끼는 화가 김홍도를 금강산으로 보내며, 그 주변의 사또들에게 김홍도를 잘 보살피라 어명을 내렸지. 김홍도는 금강산을 다니며 백여 점의 그림을 그리게 되었어.

* **달포**
한 달이 조금 넘는 기간.

왕을 위하여 정성껏 그려 가야 하는 의무가 김홍도에게 주어졌던 거야. 김홍도의 금강산 그림들이 아주 정밀한 이유가 그것이란다. 훗날의 학자들은 빠른 필치로 그려 낸 정선의 금강산과 정밀하게 그린 김홍도의 금강산을 비교하며 두 화가의 성품을 논하기도 하는데 그 전에 생각할 게 있지. 정선은 수많은 학자들의 폭발적 주문 속에서 유람의 문학적 즐거움까지 표현하며 그려야 했다면, 김홍도는 왕의 감상을 위하여 실제 풍경을 보여 주기 위하여 그렸다는 차이야. 게다가 정선은 1676년생이고, 김홍도는 1745년생이라 세대 차이도 컸어. 김홍도는 정선이 그렸던 장소들을 빠뜨리지 않고 그리려고 노력했지. 정선의 금강산도가 후대에 끼친 영향은 이렇게 아주 깊숙하고 다양하게 스며들어 있었다고 말할 수 있어.

이제 김홍도가 그렸다고 전해지는 〈구룡연〉을 살펴볼까? 우리가 알고 있는 김홍도의 화풍과 달리 매우 섬세하게 전달하는 풍경을 만나 보게

있는 그대로의 실제 모습과 광경을 화폭에 담아야 했기에 우리가 알고 있는 김홍도의 그림과는 다른 느낌이야.

될 거야. 정선이 그린 금강산 그림이 크게 인기를 누린 뒤, 김홍도가 그린 금강산 그림들이 다시 세상에 알려지면서 19세기 금강산 문화는 끊임없이 이어졌고, 거대한 규모의 금강산 민화들이 제작되었던 거야.

금강산도가 민화로 그려지면서 표현의 양상은 급속도로 변화되고 다양해졌단다. 금강산을 그린 민화들에 대해서라면 정선의 〈단발령망금강〉이 민화의 구도로 전달된 정황을 앞에서 이야기했으니 기억할 것 같아. 그런데 정선과 김홍도는 상상도 하지 못했던 거대한 병풍 속 금강산 그림들도 제작되기 시작했지. 지금까지 알려진 금강산을 그린 민화들 중 가장 크고 멋진 병풍 그림을 보면서 정선의 그림 이야기를 마무리 짓도록 하자.

이 병풍은 펼치면 무려 6미터에 달하는 커다란 그림이란다. 펼쳐 놓은 전체를 보면 우리는 정선이 그렸던 〈금강전도〉의 틀을 떠올리게 되지. 흙산이 두른 속에 흰 바위산이 빽빽하게 들어찬 구성 말이야.

또한 이 바위산들을 하나하나 보면 그 속의 봉우리들은 하나하나 스님처럼, 혹은 동물처럼 서거나 웅크리고 있지. 이 또한 이미 정선이 문학적 표현으로 재치 있게 활용했던 금강산 표현법이었어. 금강산 그림의 지속적 인기는 정선 이후 백 년이 넘도록 이어졌고, 이렇게 이어지는 동안 정선의 흔적은 도처에서 숨어들었지.

정선의 다른 영역의 그림들도 그 영향력이 적지 않았어. 우리는 앞에서 정선이 그린 소나무를 쓰다듬고 선 도연명의 모습이 이후 민화로 많이 그려졌다는 걸 이야기한 적이 있지. 그러나 정선의 영향력은 금강산 그림들에서 정말 압도적이었어. 그래서 우리는 정선을 진경산수화의 대가라 부르고 또 금강산 화가라고 부른단다.

금강산을 그린 10폭짜리 병풍이야.

미술놀이

6-1. 명화 재구성하기

정선의 영향을 받은 화가들 중에 김홍도는 우리에게 특히 익숙한 화가지. 김홍도는 사람들의 생활 모습을 그대로 담은 풍속화로 유명한 화가이기도 해. 정선이나 김홍도와 같은 훌륭한 화가들의 작품은 특히 그림 속에 많은 이야기가 숨어 있다는 거야. 그래서 우리는 한국화를 볼 때 그림을 눈으로만 보는 것이 아니라, 생각하면서 읽어 나갈 수도 있어. 글자를 모르는 아기가 그림책을 읽듯이 그림 안에 이야기를 만들어 내는 것도 그림을 감상하는 좋은 방법이 될 거야.

책을 읽으며 여러 작품들을 감상했으니, 이야기가 있는 장면을 직접 한번 만들어 볼까? 김홍도의 여러 작품들을 보고, 그중에 마음에 드는 부분들만 골라서 새로운 장면을 만들어 보는 거야. 이 그림에서는 배에 누워 있는 사람과 연꽃, 나무와 새를 각각 다른 작품에서 뽑아서 원하는 위치에 따라 그렸어. 빈 공간에는 그림에 어울리는 글귀와 이름을 적었지. 각각의 작품 속에 있던 그림들이 모여서 새로운 장면을 만들어진 거야.

> **준비물**
> 한지, 연필, 지우개, 붓, 먹물, 한국화 물감(혹은 수채화 물감), 팔레트, 물통

그림을 처음 그릴 때는 잘 그린 작품을 따라 그려 보는 것도 좋아. 그런데 똑같이 그리는 것보다 더 중요한 건 그림 속의 의미를 담는 것이지. 많은 이야기가 생생하게 담겨 있는 정선과 김홍도의 그림처럼 말이야.

부록

1. 정선의 발자취
2. 미술관에 놀러 가요

정선의 발자취

1676년 한양(현재 서울 종로구 경복고등학교 자리)에서 2남 1녀 중 장남으로 태어남.

1689년 아버지 정시익을 여읨.

1704년 큰아들 만교가 태어남.

1710년 둘째 아들 만수가 태어남.

1711년 김창흡, 이병연 등과 금강산 여행을 다녀온 뒤 금강산의 아름다운 산수를 그린 《신묘년풍악도첩》을 완성함.

1713년 김창집(金昌集)의 도움으로 첫 벼슬을 얻어 관직에 나감.

1721년 경상도 하양현(지금의 대구 근처)의 현감으로 임명됨(종6품).

1722년 장손 갑이 태어남.

1725년 《교남명승첩》을 통해 영남 지역을 그림.

1727년 북악산 서쪽의 유란동 집을 작은 아들에게 물려주고, 인왕산 동쪽 기슭인 인왕곡으로 이사함. 그 후 정선은 생을 마칠 때까지 이곳에서 살았음.

1729년 의금부도사에 올랐으며 〈의금부도〉를 그림.

1731년 청으로 떠나는 이춘제를 환송하며 〈서교전의도〉를 그림.

1732년 제자 심사정이 정선에게 산수화를 배우기 시작함.

1733년 경상도 청하현(현재 포항시 지역)의 현감에 재직하며 〈청하성읍도〉 〈내연산삼용추도〉 등을 그림.

1735년 어머니 밀양 박씨의 죽음으로 현감직을 그만두고 서울로 올라옴. 이 무렵 둘째 손자 정황이 태어남.

1737년 남한강 주변을 여행 후 《사군첩》을 그림.

1739년 〈청풍계〉 〈육상묘도〉 〈옥동척강도〉 등을 그림.

1740년 양천현(현 서울 강서구 양천로 부근)에 현령(종5품)으로 부임하여, 서울 근교의 명승들과 한강변의 풍경들을 화폭에 많이 담았음.

1747년 금강산 여행을 다녀온 뒤 《해악전신첩》을 다시 제작함.

1751년 친구 이병연이 사망했으며, 이 시기 〈인왕제색〉을 완성함.

1755년 종3품 벼슬인 첨지 중추 부사에 오름.

1756년 정선은 왕대비의 칠순이라는 왕실 경사로 종2품 동지 중추 부사에 승진함. 당시 화가에게 종2품의 관직은 매우 파격적인 대우였음.

1757년 〈청송당도〉를 그림.

1759년 3월 24일 84세의 나이로 세상을 떠남.

미술관에 놀러 가요

겸재정선미술관 http://gjjs.or.kr 02) 2659-2206
서울시립미술관 sema.seoul.go.kr 02) 2124-8800
예술의전당 www.sac.or.kr 02) 580-1300
성곡미술관 sungkokmuseum.org 02) 737-7650
국립현대미술관 mmca.go.kr 02) 2188-6000 (과천관)
 02) 3701-9500 (서울관) 02) 2022-0600 (덕수궁관)
국립중앙박물관 museum.go.kr 02) 2077-9000
호암미술관 hoam.samsungfoundation.org 031) 320-1801
경기도미술관 gmoma.or.kr 031) 481-7000
강릉시립미술관 gn.go.kr/mu 033) 640-4271
대전시립미술관 daejeon.go.kr/dma 042) 270-7370
경남도립미술관 gam.gyeongnam.go.kr 055) 254-4600
부산시립미술관 art.busan.go.kr 051) 744-2602
포항시립미술관 poma.kr 054) 270-4700
대구미술관 artmuseum.daegu.go.kr 053) 803-7900
전북도립미술관 jma.go.kr 063) 290-6888
광주시립미술관 artmuse.gwangju.go.kr 062) 613-7100
제주도립미술관 jmoa.jeju.go.kr 064) 710-4300

※ 자세한 정보는 미술관의 인터넷 홈페이지와 전화를 통해 문의하시기 바랍니다.